高齢者介護における新人教育読本

再出発・独り立ちのお手伝い

五十嵐雅浩
Igarashi Masahiro

メディア・ケアプラス

はじめに

　介護労働の現場は、はたして生きがいを感じながら働き続けることが可能な職場なのだろうか。介護労働の現場の職員と一緒に教育研修係として半分現場に身を置きながら改めて考えてみようと思いました。私の場合、ステレオタイプの思考を嫌う質のせいか、はたまた、超が付く楽観思考のせいなのか、介護の現場をあまりストレスの多い悲観的なイメージで考えたいとは思わないところがあります。

　介護の仕事は、考えようによっては結構、気楽で楽しい職場じゃないのかなと思ってしまうところがあります。仕事の本質は、心優しい高齢者と心安らかに楽しく過ごし、喜んでもらえる仕事のはずではないのだろうかと。

　高齢者ケアの専門性を追求し、介護サービスの質の向上を目指した介護の在り方を追求することも重要です。しかし介護サービスの質の向上と共に働く者が、高齢者ケアの仕事に対し、自分なりに前向きな価値を見出し、生きがいをもって働けるようになることも同じように大切だと考えるからです。

　人や物事の「両面性や多面性」に注目するという考え方があります。それは、平易に表現すると物事は、見かたによってはいくらでも良い解釈、肯定的な意味づけで解釈ができるし、一方で、そこが問題であるというような否定的な解釈もできるということ。そして、良い見かたや解釈で物事をとらえ、それを伸ばしていくことが重要であるという考え方です。

　本書は、すべてその「肯定的な意味づけを大切にする」という考え方に主眼を置いて構成しています。介護の仕事を通して、その人の持ち味を生かし良いところを伸ばして活躍してもらいたいという願いでもあります。

介護労働の現場は離職率の高い職場であることは、周知されている事実です。その分、新たに入職する人の出入りが多い職場でもあります。介護福祉士等の専門資格を取得して入職する人がいる一方で、まったく異業種から転職して再出発する人も多い職場でもあります。

　もう一つ本書の全体を通して心がけていることがあります。介護労働の現場において共有されている実践者の知恵をなるべく多く言語化し、それを平易な表現で整理することです。その場合、実践者の知恵そのものを取り上げる場合もあれば、新人として先輩の知恵を引き出し確認する方法やその知恵を身につけることで早く一人前に近づく方法の場合もあります。そのため現場の中で実践を理解する上で役に立つように「考え方の枠組み」や「思考方法」を言語化し整理しています。

　また本書は、タイトルにあるように入職間もない人やこれから就職を考えている人たちにも理解が図れるような説明に努めています。介護の現場も事業所の種別によって求められる専門的な知識や技術などに違いが存在します。基本的な各章の構成については、どのような事業所でも新人職員が共通に求められる仕事の内容に焦点を当てています。専門的な介護技術等に関する詳細な説明については、介護福祉士等のテキストや専門書を参考にしていただかなければなりません。

　介護の現場における組織的な実践を行う上で役に立つような各種マニュアル等（感染症対策、被災時の対応等々）については、ホームページなどから入手可能なものを若干、巻末に掲載させて頂いています。

　介護現場で人生の再出発を始める多様な新人の人たちが、一日も早く介護の仕事に慣れ、働き甲斐を感じていただけるよう、少しでもお役に立てばという思いから本書を執筆しています。

五十嵐　雅浩

目次

はじめに・・・・2

I 新しい職場での心がけ・・・・9

第1章　職場文化の違いを調整するために・・・・10
　1．職場の特性と介護・・・・10
　2．武士は食わねど高楊枝ではないけれど・・・・14
　3．職場文化の違いを調整する・・・・16
　【関連事項】介護の実践と倫理的判断・・・・19

第2章　新人指導から学ぶ方法・・・・20
　1．新人指導の仕組みと学び・・・・21
　2．関わりを通して基礎知識を増やす・・・・24
　3．効率よく効果的に学ぶ方法・・・・26
　4．新人研修記録を媒体に仕事を覚える・・・・28
　【関連事項】職場研修で効果的に学ぶ・・・・41
　関連する資格＆研修・・・・42

II 基礎技術力を確認する・・・・49

第3章　介護技術をどのように学ぶのか・・・・50
　1．個別ケアから学ぶ基礎と応用・・・・50
　2．腰痛に負けないために・・・・52

第4章　独り立ちの目安～チェックリストの活用・・・・60

1．組織の勤務内容や就労に関する規則を理解する・・・・61
2．組織の運営理念に関する基本的な考え方を理解する・・・・61
3．事業に携わる上での基本的な法制度を理解する・・・・62
4．現場の基本的な業務を理解する・・・・63
5．仕事に取り組む基本的な姿勢を理解する・・・・63
6．適切な介護サービスを提供できる・・・・64
【関連事項】これまでの介護保険法の改正動向・・・・74

第5章　介護技術に関係する留意点・・・・76

1．医療的ケアとの関わり・・・・76
2．福祉用具との関わり・・・・79

Ⅲ　人として向き合うために・・・・87

第6章　気兼ねなく話ができるように・・・・88

1．言葉遣いの基本は伺うこと ― 関係性の基本姿勢・・・・88
2．関係形成の基本は「見解の相違」に気づくこと・・・・92
3．関係形成と倫理的判断・・・・97
【学びを深める】生活場面面接「変化に気づく」こと・・・・101

第7章　一緒に楽しめる機会をどのようにつくるのか・・・・102

1．計画するレクリエーションの適正さを考える（事前準備段階）
　　　　・・・・103
2．自分を活かし楽しみを共有する（実施状況での心得）・・・・107
3．次につなぐ好循環の機会に・・・・109

第8章　認知症高齢者から学ぶ援助関係・・・・111

　　1．認知症の障害について・・・・111

　　2．認知症の原因と症状について
　　　　―中核症状と周辺症状の関係を中心に・・・・115

　　3．認知症高齢者と向き合うために・・・・117

　　4．ユマニチュードのケアについて・・・・119

　　【関連事項】ICF（国際生活機能分類）と高齢者のケア・・・・124

Ⅳ　仕事の思考方法・・・125

第9章　科学的な思考方法を身につける・・・・126

　　1．人間相手でもなぜ「仮説」―「検証」が必要なのでしょう・・・・126

　　2．実践方法と科学の「ものさし」―原因を考え仮説を立てる・・・・131

　　【関連事項】ケアマネジメントと科学の「ものさし」・・・・137

第10章　要領よく必要な記録を書く心得・・・・138

　　1．「事実」を書く方法・・・・140

　　2．思考を通してまとめる方法・・・・143

　　3．科学の「ものさし」と記録の関係・・・・146

　　【関連事項】実践記録の種類について・・・・150

第11章　生活の中で利用者を理解すること〜考え方の枠組み・・・・151

　　1．理解の前提―アセスメントによる基本情報の確認・・・・151

　　2．「人」と「関係性」に視座を据える理解の枠組み・・・・153

　　3．その人なりの「物語（意味づけられた語り）」を
　　　　　　　　　　　　　　認識する考え方・・・・158

　　【学びを深める】ストレングス「強さ」を活かす介護・・・・162

Ⅴ　来たるべきリスクへの備え ‥‥163

第12章　ストレスと上手に付き合う方法 ‥‥164

1．「不注意の連鎖」に陥らない ‥‥165

2．「心の解放連鎖」を築く ‥‥168

3．立場が変化する関係を理解する ‥‥171

【学びを深める】セルフ・ヘルプ・グループのもつ役割 ‥‥175

第13章　自己のリスクと向き合う方法 ‥‥176

1．「ヒヤリ・ハット」報告は、なぜ必要？ ‥‥177

2．「ヒヤリ・ハット」を報告するためらい ‥‥179

3．介護事故への備えとは ‥‥181

【関連事項】介護事故について ‥‥183

第14章　職場仲間で備える仕組み ‥‥184

1．再発防止に向けたチーム対応 ‥‥184

【関連事項】リスクマネジメントについて ‥‥188

2．対策マニュアルを使いこなすために ‥‥189

あとがき ‥‥196

付録資料　各種の介護保険サービスの概要 ‥‥198

表紙デザイン：本間　公俊
本文デザイン：伊沢　眞理子
本文イラスト：小山　規・谷合千秋

I 新しい職場での心がけ

第1章
職場文化の違いを調整するために

1．職場の特性と介護

　まず社会福祉の職場の特性について考えてみたいと思います。介護の現場の組織は、民間企業、社会福祉協議会、社会福祉法人、医療法人、NPO、社団法人、財団法人、協同組合（農協・生協）地方自治体（市区町村、広域連合）等です。公的な介護保険制度（平成12年）が始まるときに広く多様な組織が事業運営出来るようにと考えてこのような多様な組織が共存している状況になっています。それぞれの事業組織が介護保険事業として法的な制度適応という規制のもとで運営されています。
　介護職の新人が組織の一員として仕事についた場合、社会福祉事業という公共福祉サービスを提供する特性上、主に社会貢献を主眼とする組織の理念や誓いが重視されています。一般の企業においても、社訓や理念がありますので、それほど大きな違いを感じない人もいるかもしれませんが、この法人理念という考え方が組織で仕事を行う場合にまず、全

I 新しい職場での心がけ

面に強調され標榜されています。極端な言い方をするとグローバルな企業の飛躍的な発展を目指すというような視野とは若干異なり、介護の仕事を行う際に心がける具体的な指針となる考え方といえるでしょう。また一方で理念教育が強調される背景には、公共的なサービスといえども、一般市民に信頼されて事業運営出来なければ、事業が成り立たなくなるという状況があるからでもあります。

組織の新人教育において、この理念教育が重視され、職業倫理と同様に仕事上の考え方や働く姿勢などについて繰り返し説明が行われます。

次に介護の職場の特徴として、介護保険法という法律に基づいた公共福祉サービスの提供を通して、事業収益が行われる仕組みになっていますので、法的な規制や遵守が規定されています。そのために法的な運営規則に則り介護サービスを提供する必要がありますので、仕事の内容や方法などについても、法定遵守されているかの確認が求められます。それぞれの職場では、適応している介護サービスの種類に応じて法定の運営規則（基準書のようなもの）が必ず整備されています。また、より具体的な細則については、感染症対策や非常時の対応など地域性や環境に応じたものが整理されています。

介護職には、介護福祉士という国家資格があります。法律（社会福祉士及び介護福祉士法：昭和62年）では、「介護福祉士とは、（中略）介護福祉士の名称を用いて、専門的な知識及び技術をもって、身体上または精神上の障害があることにより日常生活を営むのに支障がある者につき心身の状況に応じた介護（喀痰吸引その他のその者が日常生活を営むのに必要な行為であって、医師の指示の下に行われるもの厚生労働省令で定めるものに限る。以下「喀痰吸引等」という）を含む）を行い、並びにその者及びその介護者に対して介護に関する指導を行うこと（中略）を業とする者をいう」（第2条第2項）と定義しています。

介護を必要とする人には、それぞれの生活があり、生活の考え方や生活信条、人生哲学なども皆異なります。そのような独自の「生活」を常

に視野に入れて介護を行う仕事であるという自覚が重要になります。

また個人の尊厳の尊重という理念が重視されます。そのような人間の基本的な人権に関わる仕事でもあり、人生の最後の時期にさえもお付き合いさせて頂く可能性のある厳かな仕事でもあります。

現在、規範的にテキストなどで引用されている基本的な高齢者介護の理念については、1994年（平成6）年に高齢者介護・自立支援システム研修会（厚労省）から出された公的な報告書に基づかれています。

そこでは、「高齢者が自らの意思に基づき、自立した質の高い生活を送ることができるように支援することである」と整理されています。高齢者の自立支援とは、こころの自立であり、身体的自立をもって「自立」と考えるような発想からの脱却が重要であるということです。

M・メイヤロフは、哲学的な思索をとおしてケアのあり方について次のように述べています。「相手が成長し、自己実現することをたすけることとしてのケアは、ひとつの過程であり、展開を内にはらみつつ人に関与するあり方であり、それをちょうど、相互信頼と、深まり質的に変わっていく関係をとおして、時と共に友情が成熟していくのと同様に成長するものなのである」また、「相手の自己実現をたすけることが、とりもなおさず、私たちの自己実現にもなるのである」とも述べています。[1]

介護の仕事を通して自分自身も成長し、自分自身をケアすることでもあるということでしょうか。セルフ・ヘルプ・グループの活動を通して他の人を支える人が自分自身を支えることになる、という関係性が存在することと通ずるかもしれません。

しかし、介護職員とケアを受ける高齢者との関係においては、相互支援の関係とは別の関係性が存在します。

上野千鶴子は、サービスを提供している側と受けている側では、立場を決して入れ替えることの出来ない非対称性が存在すること。そこでは、ケアを受ける側が理論的にも実践的にも、構造的弱者の位置に置かれるゆえに権力関係が生じる可能性があると警鐘しています。[2]

多くの高齢者は遠慮し、世話をしてもらうことに申し訳ないといった態度や気持ちをもたれている場合も少なくありません。また、受けている介護に対して不満をもっていても、それを主張できない場合もあります。認知症の高齢者が自分の意向をうまく伝えられない場合もそうです。

介護職として、介護サービスを受ける高齢者の側にサービスを受ける主体としての権利があるということを自覚し続けることが求められます。

太田貞司は、介護の仕事の奥深さについて、「介護職は、生存の条件と生活文化や個別性の両方に深く関わる職種であると言えます。しかも、援助目標を社会生活の維持をめざすものにすればするほど、生活文化や生活様式への理解、また個別性への理解が要求されることになります。介護の仕事の難しさはこの点にあるといってもよいでしょう」[3]と述べています。一人ひとりの高齢者に対する「こころの自立支援」のあり方は、どのような社会的な状況における支援であっても一様ではなく、個々の関わりの中で日常生活上の理解を深め確かめていくしかありません。

また、高齢者の尊厳について1991年国連総会で採択された「国連高齢者原則」では次のように提言しています。「高齢者は、尊厳および安全のもとで、搾取と身体的・精神的虐待から解放された生活を送ることができるべきである。年齢、性別、人種、民族的背景、障害その他地位のいかんにかかわらず公平に扱われ、個々人の経済的貢献にかかわらず尊重されるべきである」[4]。

介護職の実践を通して個々の高齢者の「尊厳」とどのように向き合うことが求められているのかということは、このような介護の本質的なことでもあります。

Ⅰ 新しい職場での心がけ

2．武士は食わねど高楊枝ではないけれど

　介護の現場について考える場合、残念ながら、介護労働の現状は、必ずしも恵まれた労働環境ではないかもしれません。公益財団法人介護労働安定センターが、毎年、介護事業所における労働の現状を調査しています5)。平成23年から平成24年の1年間の調査によると、正規・非正規職員合わせて1カ月あたりの税込み賃金額（交通費、役職手当等を含む）の平均額211,900円、日給の場合8,079円、時間給、1,079円となっています。

　また、1カ月の実労働時間数については、全体で「月給の者」161.3時間 「日給の者」133.1時間 「時間給の者」85.1時間、介護職員だけの場合、正規職員で160.0時間、訪問介護員の場合、133.6時間です。介護職員・訪問介護員の採用率・離職率については、正規職員の介護職員採用率20.0％、訪問介護員26.9％、同様に離職率が正規職員の介護職員の場合、15.5％、訪問介護員の場合、16.8％です。その離職者の中での割合が「1年未満の者」が39.9％、「1年以上3年未満の者」が34.2％となっています。

　それを職種・就業形態別にみると正規職員の場合、介護職員が「1年未満の者」33.1％、訪問介護員が42.7％、「1年以上3年未満の者」の場合、介護職員36.9％、訪問介護員31.4％だそうです。このような介護労働の厳しい現実は直視しなければなりませんし、特に賃金の低さに関しては、労働者にとって重要な問題でもあります。1つに介護保険事業の収入構造にも問題が無いわけではありません。介護保険制度を通して利用される介護サービスの事業所に支払われる費用は、介護報酬といいますが、この介護報酬を主とする財源では、どうしても人件費の捻出が上記のような平均的な賃金体系にならざる得ない現状があります。国も介護職員の賃金に関しては、介護職員処遇改善加算という改善策などを通して対策していますが、調査にみるとこの加算を算定した場合の対応状況

は、さまざまで民間企業を含めた全体の「一時金の支給」が 55.6% で最も多く、次いで「諸手当の導入・引き上げ」が 44.1%、「基本給の引き上げ」が 26.5%「教育研修の充実」が 20.9% となっています。現実に、この特別加算が給料のベースアップに繋がっているところは、30% 弱程度でしょうか。

"武士は食わねど高楊枝" ではないですが、賃金の低さは基本的な労働条件の重要な要因で目をつぶる訳にいきません。ここでは現状を整理した上で、少し見方を変えたいと思います。

2025 年には団塊の世代の人たちが、後期高齢者層になります。今後は一層の介護のマンパワーの充足が求められましょう。こうした動きに合わせるように、介護現場はあたかも "建設ラッシュ" のごとくサービス提供者に流動性が出てきています。特に地域包括ケアシステムでは、地域密着型サービスの充実に向け、比較的小規模の施設や事業所がまだまだ増えて行くことが予測されています。

新人の皆さんは、個人の経歴や事情にもよるでしょうが、転職 3 年後には、新設のグループホームや訪問、訪問介護事業所、ショートステイ、小規模多機能型居宅介護事業所等々の管理者に抜擢される可能性も大いにあります。その場合には、当然、給与のベースアップが短期間に実現します。また、個人が介護福祉士や介護支援専門員等の専門資格を取得すれば、そのスキルアップが評価されて「資格手当」等ベースアップが図られるところも少なくありません。昨今の各企業や法人、事業所間では、人材確保にかなり力を入れています。実力次第で短期間で給与のベースアップを図る可能性のある売り手市場といった追い風も吹いています。

また介護保険事業は、多様な経営主体を容認しています。たとえば一軒家の民家を使用し、介護保険事業所を立ち上げることも可能であり、独立開業しやすい状況にもあります。

前段で整理したように、介護マンパワーの不足状況において介護職員の給与水準を上げるのは喫緊の課題でもあり、介護報酬においても介護

I 新しい職場での心がけ

職員処遇改善加算などで給与水準向上を目指しているのが現実です。介護保険制度改正同様に、定期的に改正見直しを行いながら適正な給与水準に向かっていくことを願っています。"空腹を我慢していては、良い仕事ができない"のは言うまでもありません。

3．職場文化の違いを理解する

　介護の職場に限らず、新しい職場では、それまでの職場とは違う独自の職場文化があります。その職場文化に大きく影響しているのは、これまで整理したように社会貢献の事業として主に介護サービスを提供するという組織的な特徴が背景にあります。文化とは「後天的に学習され、集団によって共有され、世代を通じて継承される行動様式と世界観である」とJ・H・スチュワードが定義しています[6]。ここでは、その定義に習い、職場の中で共有され継承されている行動様式と共通の世界観や考え方として解釈していきます。

　利用者の人へのサービスのあり方について、たとえば私たちの事業所では、とにかく楽しんでもらえることを重視していると職員みんなで共有しているとします。ある職員は、落語が好きなのでいろいろな話題を取り上げるときに有名な落語の話をして利用者さんに笑ってもらうことに意欲をもっています。またある人は、高齢者の人に笑ってもらえるダジャレを集め、一生懸命メモして日常会話の連絡等の際に笑いを誘うことを楽しみにしているとします。まあ、このような職場が現実にあっても良いとは思うのですが、たとえばこのような職場では、利用者の人の笑顔や笑いが絶えない生活や関係性が重要であると考え行動することになります。そこでは、共有されている行動様式や世界観とはこのような、職場の中で共有されている共通の考え方に基づいた仕事の仕方です。組

織の誓いや理念というような考え方とはここでは、分けて考えていきます。もう少し、具体的に介護の現場の中で共有されている組織特有の仕事の仕方や職員間でいつの間にか習慣化されている考え方などに注目してみます。前述の介護労働の現状に関する調査をもう一度見てみたいと思います。早期離職防止や定着促進のための方策（複数回答）に関する上位3つの方策は、「労働時間（時間帯・総労働時間）の希望をきいている」が62.5％、「職場内の仕事上のコミュニケーションの円滑化を図っている（定期的なミーティング、意見交換会、チームケア等）」が62.3％、「賃金・労働時間等の労働条件を改善している」が57.5％となっています。最も効果のあった方策では、介護職員と訪問介護員の職種で正規職員の場合、「賃金・労働時間等の労働条件を改善している」が24.0％とのことでした。

　職場文化を考える場合、その組織における勤務時間調整や仕事の分担の仕方や残業対応の状況なども含まれるでしょう。この調査に見るように労働時間に関しては、かなり改善を工夫し対応の必要性を感じている現状が背景にあることを見ることが出来ます。

　先の調査では、1カ月の実労働時間数については、全体で「月給の者」の場合、161.3時間です。この数字だけでは、残業労働が潜在化し慢性的状況にあるという状況とはいえないのですが、現実には暗黙のサービス残業が常習化しているかもしれません。この場合、職場文化の視点から考えていくと、数字には表れていないサービス残業が存在している現状に対して、どのような努力を行っているかと言うことも違いがあるはずです。ある職場では、何故サービス残業時間が多くなってしまうのか、分析し工夫できる余地があれば改善し職員みんなで知恵を出し合っている状況があるとします。一方で、職員みんながサービス残業を惰性で捉え、しかたないと我慢している状況の場合もあるかもしれません。

　先例のような職場の考え方であると、他に改善すべき仕事上の課題があっても、前向きに受け止め知恵を出し合えることになるでしょう。後

の例の状況であれば、他に課題があっても山積していくだけのある意味「しんどい」職場かもしれません。

　調査結果を見ると仕事上のコミュニケーションの円滑化を図るという対策が重視されている背景には、見方によっては、不足しているまたは調整を必要とする独特の職場文化が存在していることを示唆しているともいえます。他の仕事から転職した人の場合の方が、この独特の職場文化の違いがよくみえるかもしれません。同僚間での仕事上のコミュニケーションがまだ不足している状況があるとすれば、そのズレをいかに自覚し、埋めていくのかが仕事に早く慣れ、一人前になる上で重要になります。どのようなズレがあるのか。そのズレはどのようなものか。そのことを考えることができると心の調整ができるはずです。

　仕事の仕方や考え方の違いは、よく見ていくと随所に見られますし、組織特有の考え方なども見えてきます。

　私は、これは介護現場の長所でもあると思うのですが、「育ち盛り」の職場でもあると言うことです。また、職員チームで、新たに職場文化を創出することが可能な職場だとも思います。組織全体では、大小の違いはあるにしろ、それぞれの職場（施設や事業所）の職員数はそれほど多くないですし、職員の創意を活かして前向きに知恵を出し合える職場文化を創っていく上では融通が利く規模だと思います。

【引用・参考文献】
1) M, メイヤコフ／田村真・向野宣之訳『ケアの本質－生きることの意味』ゆみる出版 1989
2) 上野千鶴子「ケアされるということ－思想・技法・作法」『ケアその思想と実践3 ケアされること』岩波書店　2008
3) 太田貞司「介護と生活文化─介護の考え方とその発展」一番ヶ瀬康子監修太田貞司編著『生活文化を支える介護』一橋出版 1998
4) 一般社団日本認知症ケア学会編『改訂3版認知症ケアの基礎』ワールドプランニング 2013
5) 公益財団法人介護労働安定センター『平成25年介護労働の現状Ⅰ─介護事業所における労働の現状』2013.11
6) 石川実「序 生活文化のとらえ方」石川実・井上忠司編『生活文化を学ぶ人のために』世界思想社 1998

関連事項

介護の実践と倫理的判断

　倫理とは、「人間としてどう行為すべきか」ということであり、その判断において普遍的な基準となるものです。

　倫理綱領とは、専門職として守らなければならない行動規範があり、その行動規範やそれに係る指針を定めているものです。介護の現場では、介護実践における倫理綱領については、日本介護福祉士会の倫理綱領を規範とする場合が多いようです。以下のような項目となっています。

前文（ノーマライゼーションの実現を目指して）
第1項　利用者本位、自立支援　自己決定
第2項　専門的サービスの提供
第3項　プライバシーの保護　個人情報の保護に関する法律
　　　　（個人情報保護法）
第4項　総合的サービスの提供と積極的な連携、協力
第5項　利用者ニーズの代弁
第6項　地域福祉の推進
第7項　後継者の育成

　その他、介護現場の組織の中で独自に倫理綱領を作成し、実践を常に規範と照らし合わせて検証し確認している場合もあります。その場合、より日常の実践に照らし合わせて考えられるよう詳細な行動規範や指針を整理しています。介護の仕事に従事する場合、倫理綱領がなぜ重要なものであるのかを理解しておかなければいけません。たとえば、認知症の人が、今すぐ家に帰りたいと表現されているとか、お風呂には絶対入りたくない等と表現されていう時にどのような視点から支援を考えて行かなければならないのか。本人の意思や希望を優先し、どのように尊重した対応ができるのだろうかというような倫理的ジレンマ（相対する価値による葛藤）に直面します。そのような判断に迷うまたは、より適切な判断のためのよりどころになるのが「倫理」でもあります。より詳細な行動の指針が現場の中で整理されていると新人にも具体的な判断の拠り所となります。

【引用・参考文献】
松村明監修『大辞泉＜増補・新装版＞』小学館

第2章
新人指導から学ぶ方法

　介護の現場で早く仕事を覚えるために、多くの現場で取り入れられている新人指導の仕組みをまず理解することが早道でしょう。基本的には、スーパービジョン（Supervision）という方法が使われています。新人の人に仕事を早く的確に理解してもらうために教育する役割、業務を指導し見守る役割、安心して仕事が出来るように人として支える役割（心理面のサポート）に整理されています。この3つの役割を時に一人で担当する場合もありますが、役割ごとに担当を分けて取り組む場合もあります。
　それぞれの組織の中でスーパービジョンの方法を通した新人教育の仕組みをチューター制度やエルダー制度という仕組みとして整理している場合もあります。また、実際の職務を通した研修については、新人指導に限らず、OJT（On the Job Training）、外部での自己啓発のための研修をSDS（Self Development System）と表現する場合が多いようです。

1．新人指導の仕組みと学び

　新人に対し、新人担当者（スーパーバイザー（Supervisor）、以下SV）がいます。主に直接、教育指導する役割の人です。また、心理面のサポートの役割も兼ねている場合がほとんどです。組織的な運営や基本的な業務を教え見守る役割については、多様な組織的な業務について単独で指導を担うのは難しいので、より鳥瞰的な観点から主任（中間管理職）、管理者等という職位の人が担当する場合が多いでしょう。

　新人指導の組織的な仕組みについては、必ずしも一律に整理することはできないでしょうが、基本的に上記のような役割を担い対応しているはずです。新人教育の方法も組織や職員の構成に応じて多様性が求められます。新人職員の心理面のサポートを重視し、専門教育・研修を受けたメンターの配置を行い対応しているところもあるようです。

　介護現場では、看護職の人も医療的な処置や対応以外に介護技術を用いて介護業務を分担します。直接看護職との関わりについては、新人担当者を介して個別ケア上の医療的な配慮や対応について指導を受けます。必要に応じて直接新人職員に対して利用者を介し看護職として必要な指導を行う場合があります。

　個別機能訓練などの業務を担う理学療法士（Physical Therapist）（以下PT）、作業療法士（Occupational Therapist）（以下OT）言語聴覚士（Speech-Language-Hearing-Therapist）（以下ST）の専門職とも必要に応じて利用者の身体機能に対する配慮等に関する直接的、間接的な指導を受けます。

　介護現場における具体的な実践場面に即して、その関係性をわかりやすく説明していきます。

　入職後間もない時期に新人担当者（SV）が新人と一緒に同じ業務を行う状況（ここではA場面の関係とします）もありますが、一定期間後、交代制の勤務状況などに応じて他の介護職員と一緒に仕事を覚える状況へ

移行します。また基本的な介護業務を一通り覚えてもらうために、一日の勤務状況の中で、直接一緒に同じ業務を行い間接的な指導を行う職員が場面ごとで変わる場合もあります。（ここではB場面の関係とします）

　それらの関係性を図１－１で表すと次のようになります。

　新人担当者（SV）は、現場によって違いがあるでしょうが、おおよそ５年以上の現場経験を持ち、介護の専門的な知識や技術指導等、心理的なサポートもできる人が適任でしょう。どこの介護現場でも定期的に介護福祉士の国家資格を取得する課程（養成機関）の大学、短期大学、専修学校等の介護実習生の受け入れを行っています。その際にも、実習生の指導体制等は新人指導と同様のスーパービジョン体制を取り行っています。

　新人は、まずその介護現場のもつ組織的な新人指導体制の仕組みや関係性を理解するとより主体的に指導を受けることができます。

　新人指導の方法や仕組みについては、組織やその規模や広域性などによっても濃淡に違いがあります。本書の意図は組織的な新人教育の状況に対して受け身にならず、どのような新人指導システムであっても、新人が主体的に学ぶために役に立つ考え方や方法の理解に主眼を置いています。

　新人は、まず組織の中で自らの与えられる立場を理解するためにチーム組織の中で、どのように職員が連携し働いているのかを確認することが求められます。また、はじめに組織的な新人指導体制をしっかりと理解しておくと、新人担当者（SV）が不在の場合や急を要する場合にも、誰に何を聞くべきか？　どのように行動すべきか冷静に状況判断することができます。

第2章 新人指導から学ぶ方法

I 新しい職場での心がけ

図1-1

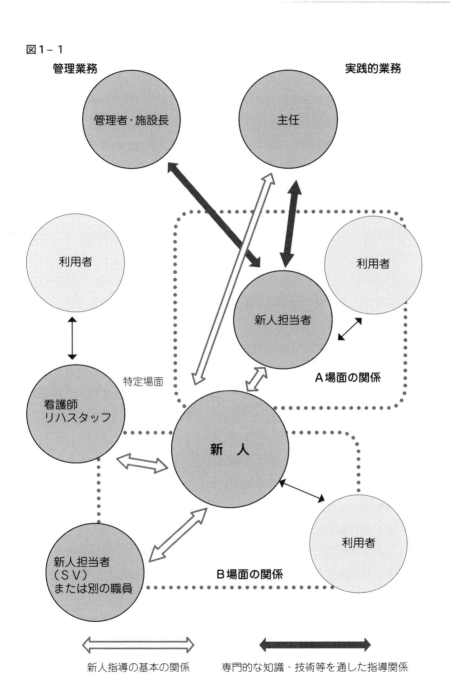

2．関わりを通して基礎知識を増やす

　基本的な業務や仕事の流れを理解すること自体は社会経験のある人にとって、それほど大変な作業ではないでしょう。福祉現場の方が一般の企業よりも業務内容が複雑ではないかもしれません。何よりも介護の仕事で難しいのは、利用する人の多様さに対応することであり、個別の介護方法を理解し、十分に対応できる知識や技術を身につけることに労力と時間を使わなければなりません。新人として、利用者に対し必要な最低限介助や支援が行えることを目標に据えその学び方を整理していきます。

　はじめに、利用する人の個別の身元などの基本資料（フェイスシート）に目を通して、個別介助に必要な基礎理解を図ることになります。そこには、介護保険サービスの利用に到る経緯や家族の事情などが書かれています。また要介護認定に関わる身体状態や生活状況に関する情報も整理されています。ケアプラン（介護サービス計画書）では、生活全般に関する支援の必要性や介護保険サービスを利用するための目的や意向などが整理され、自身の所属する事業所や施設のサービス利用の目的や内容もその中で整理されています。

　また、以前利用していた介護保険サービスの情報等も書かれていますし、別種別の介護サービスを併用利用している場合の情報なども概要を理解することができます。

　はじめの章で整理したように介護保険制度という公的な介護サービスを提供する仕事です。フェイスシートに書かれている、基礎情報や提供している介護サービスの内容に関係する基本的な事項についてははじめによく理解しておかなければなりません。

　次に、個別事情に応じた医療的な関わりや身体機能に関する情報を確認しなければなりません。そこでは、さまざまな疾病や心身の障害の情報が整理されています。

I 新しい職場での心がけ

　新人として、個別ケアに必要なすべての医学的な知識や情報をにわかに頭に詰め込むのは無理ですので、直接関わりをもつ利用者の介護に必要な知識を順次学んでいくしかありません。身体的な機能に関する情報においても同様です。

　医療機関との関わりをもつ利用者の場合は、以前利用していた際の医療的な対応の内容が引き継ぎ記録で整理されています。または看護、リハビリ（個別機能訓練等）担当職員によって医療的処置の経緯や機能訓練の状況に関する記録も整理されています。未経験者の場合は、それらの記録内容を確認する際に分からない専門的な表現や名称などもあるかもしれません。たとえば、身体部位や骨の名称等は聞き慣れない語句もあります。その場合にも、その都度、担当の職員に確認したり、自ら調べるなどして覚えて行く必要があります。日常の業務の中で、看護職員から介助の際に身体部位の状態に配慮するよう指示があった場合に、それが身体のどの部位なのかどのような配慮が必要なのかを理解できていなければ対応できません。個別ケアでは、知らなければならない基本的な知識や情報がたくさんあります。他職種からの転職者の場合、業務の理解よりもこのような個別ケアに必要な情報を理解することの方が大変だと感じると思います。ですが介護職の専門性は、そこにこそあると言えるかもしれません。

　新人として、これらの新たな知識や情報を机上で確認することも必要ですが、改めて勉強し直さなければならないと受け止めてしまうと精神的にも負担が大きくなってしまいます。生活全体の中で行われる個別ケアに必要な知識や情報というのは、ある意味では際限なく増え続けます。直接利用する人の介護実践のために理解しておかなければならないことをその都度、必要に応じ理解する方が無理なく学べるのではないでしょうか。社会経験のある転職者の場合、自分より若い職員に聞いたりすることに躊躇いを感じる場合もあるかもしれません。しかし直接介護に必要なことは、新人のうちにどんどん同僚に聞き、それをきっかけに職員と

の交流や関わりを深めていく機会として捉えても良いのではないでしょうか。

　日々の業務の中で、それぞれの場面での直接指導職員とのやりとりを通して、説明を受けながら手習いする期間は、入職して2カ月～6カ月程度が標準的な期間でしょう。その後、徐々に一人で介護の状況や場面を任され対応する仕事が増えていきます。入所施設の夜勤業務などは、全体業務の習得を経てから、最終段階として予行的な試行を経て任されるようになるのが一般的です。

　新人指導におけるはじめの手習い期間では、一般的な方法として、新人担当職員（SV）と新人との一日の「新人研修記録」を介したやり取りが行われます。この手習い期間を有効に活かし早く仕事を覚えるために必要な心構えを次に整理します。

3．効率よく効果的に学ぶ方法

　その日、食事介助や入浴介助等の場面において、手習いのごとく直接指導職員に付いて個別ケアにおける介助方法を学びます。直接利用者とのやり取りですので、その場では必要な最低限の説明を通した会話しか出来ません。

　一方、たとえば掃除や片付け方法等の場合はその場で丁寧な説明を受けることが出来ますし、説明に不明なことがあれば、その場で即座に聞き直すことが出来ます。ところが個別ケアの場面では、そうはいきません。多くは直接指導職員の介助方法を見ながら学ばなければなりません。また必要なメモ記録をその場で書くのは難しい状況ですので、自分用のメモ記録は介助場面の切れ目のような場面で書かなければなりません。実際には、後で記憶をさかのぼり確認するためのメモ書きを記しておく

のが精一杯かもしれません。個別ケア以外の業務、たとえば、入浴準備、ベッドメイキング、他ハウスキーピング業務は、たいていマニュアル等でも整理されていますので後でも再確認できます。

　ここでは、個別ケアの介助方法を確実に早く学ぶ方法について整理していきます。前述のように手習い場面では、指導職員による個別ケアの介助方法を見ながら学んだことを後で再確認しなければなりません。そのような新人のための再確認の場として反省会等の事後の話し合いの場が設定されます。そこでは併せて本人の仕事状況の確認や個別ケアや業務に関するスーパービジョンとして新人研修記録を介したやり取りが行われます。

　このように終わりの時間で行われる反省会の場を有効に活かす必要があります。手習い場面での個別介助で配慮すべき視点や方法等を手帳のメモを見ながら、もう一度念押しするように自分で言語化すると良いでしょう。

　自分で説明することで自分の理解できていないところが分かって来ますし、補足する点があれば、その場で反省会担当者が補足説明してくれます。

> 　また個別ケアの実際の状況での理解不足の場面や不明な対応等があれば、その対応場面について、反省会担当者から必要な情報を確認できるような質問をします。具体的には、手習いを受けた「場面の説明」を行います。その後で、「そこでどのような配慮を行っていたのかをもう一度教えて頂けませんか」というように質問します。
> 　その際反省会担当者が説明しやすいように、具体的な場面や状況に絞って質問した方が良いでしょう。その上で説明を受けた内容をしっかり手帳やノートに記録しておきます。

　新人はたいていの場合、就業後の反省会の時間は疲れていますが、そ

I　新しい職場での心がけ

の日の感慨や単なる歓談で過ごしてしまうのではなく、早く個別ケアの習得に向け、その時間を有効に使えるかどうかがとても重要だと思います。自分用の記憶を想起するための携帯メモ帳と反省会用のノートを分けておくと後で整理しやすくなるでしょう。

　新人の仕事は、個別ケアを通した介助業務以外にもたくさんありますが、反省会はたいてい短時間ですので個別ケアを介した知識や方法に絞って確認した方が良いでしょう。その他の基本的な業務に関する知識や方法はその都度、その場面ごとで他の職員を介して再確認することができます。

　新人研修記録の用い方は、事業所や施設等によって対応が異なり、その日の内に記録し提出を求められる場合もありますし、帰宅してから書いて次の日に提出する場合もあります。また当日記録の場合は記録整理の時間を就業時間内に設定してくれる場合もあります。

4．新人研修記録を媒体に仕事を覚える

　せっかく、毎日研修記録を書くのですから、負担に感じるのではなく自分自身にとって学びを深める機会として受け止め、取り組むことをお勧めします。

> 　文章を書くことに苦手意識を感じている人の場合も介護現場では、ルーチンな業務として介護記録を書かなければなりません。新人の内に基本的なコツをつかむことができると、苦手意識を払拭することができるかもしれません。

　ここでは、研修記録の書き方を説明します。それと共に新人担当者(SV)

I 新しい職場での心がけ

から記録素材となる専門的なアドバイスを引き出すことで自らの考察としての「気づき」を整理できるようにすること。そのための新人担当者（SV）とのやり取りの方法と記録を整理するための思考方法について整理します。

まず新人研修記録の内容を一日の感想文にしないという認識が前提となります。記録や文章を書くという行為自体を負担に感じる人もいるかもしれません。

ここで説明する方法ですと書く内容や焦点が自ずと決まってきますので、限られた時間でも集約できますし、精神的な負担も少なくて済みます。そして、何よりこの方法は、新人研修記録を自分の学びを深め早く仕事を覚えるために活用するという視点からも役立つと思います。

ここでは、自己の介護の仕事を振り返り記録する内容を「個別ケア」実践と「他の業務（様々な準備作業や間接的な仕事など）」に分けて整理します。

まず、「個別ケア」実践を中心に据えて記録を書く手順を説明します。前段にお話しした「個別ケア」を通し個別化された介護実践を理解することに焦点を当てます。

新人と指導職員（新人担当者（SV）又は場面ごとの担当職員）との関係性が勤務状況で変化しますので、二つのパターン状況に分け整理します。1つ目が、新人担当者と利用者との関わりを側で間接的に学ぶ状況（ここではA場面の関係）です。2つ目が、新人と利用者との関わりについて新人担当者、又は別の職員から間接的な指導を受ける状況（ここではB場面の関係）です。

新人担当者と利用者との関わりを側で間接的に学ぶ状況（A場面）

図1-2　＜A場面の関係図＞

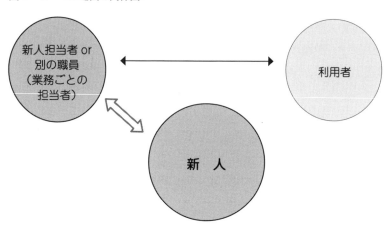

【第1段階の記録】個別ケア場面の「事実」状況を書く

　まず、A場面の関係で考えてみます。一般的に実践記録を書くときに身につけておかなければならないのは、介護実践に対して主観を一切交えずに書く習慣です。

　介護実践に限らず、一般によく使われる目安として、5W（Who だれが、When いつ、Where どこで、What なにを、Why なぜ）1H（How どのように）というように単元を分けて思考整理すると書きやすいといわれます。

　まず、第1段階として　図1-2のように、その介護場面において、新人が側に付き、担当職員が利用者との直接介助を行っているやり取りの場面状況です。だれが、いつ、どこで、どのようなやり取りを通した場面であるのかを書きます。さきほどの5W1Hの中の「いつ、だれが、なにを、どのように」という3W1Hだけを使った簡潔な「事実」の記録を書きます。

食事の場面で職員が利用者にどのように配慮を行い食事介助を行っていたのかを書く場合、「昼食時に新人担当職員の舟山（仮名）さんが、嚥下に障害のある山口さん（仮名）に対し声をかけながら食事介助を行っていた場面で介助の方法を学ぶことができました」となります。

【第 2 段階の記録】見習い指導の大切だと思ったことを書く

　第 2 段階では、新人として自分の主観（思ったこと、感じたこと）を通してその場面で考えたことを書きます。たとえば、「私は職員のやり取りを見て、職員の舟山さんが食べものを口に運んだ際、山口さんの嚥下状態を良く確認しながら声をかけていると思いました。また、食べる順序なども配慮して食事介助していると思いました」などです。

【第 3 段階の記録】反省会での説明アドバイスの内容を書く

　次に第 3 段階です。新人指導の反省会の時に【第 2 段階】で整理している見習い状況で感じたことを口頭で伝えます。それに対し反省会担当職員から補足説明されたアドバイスや説明の内容を整理します。

　たとえば、「山口さんのような嚥下に障害のある人の食事介助の場合、食事や飲み物などはその人の嚥下機能の状態に合ったものを提供しています。とろみや刻む大きさを分けて、咀嚼する力や飲み込む力を活かすことや飲み込んでいることを自覚してもらうことも大切です。また、食事自体を快く楽しんでもらう配慮も大切ですので、本人の意思を会話で確認しながらやり取りしています」と説明を受けたとします。

　新人研修記録では、【第 1 段階】と【第 2 段階】の記録の後に、【第 3 段階】の記録を重ね、そのやり取り場面に対して、「このようにアドバイスを受け学びを深めることができました」と整理していきます。

基本的には、このように３段階の流れで記録を整理していくと個別ケアにおいて学んだことを簡潔に整理することができ、再確認しやすくなります。また、【第３段階】として必ず、職員からのスーパービジョンを介して専門的な説明を付加する形で整理できます。

　また、その日に学んだ個別ケアの場面や状況は、１つの場面だけとは限りません。また、人数も複数の場合があります。その場合は、優先順位をつけて限定するか、整理する量が多くなりますが、すべての場面を自分のために労を惜しまず整理するかしかありません。

　その場合も上記３段階の流れに添って列記し、複数場面の記録として整理して行けば良いわけです。

　新人研修記録を提出すると後に別のコメント欄を通して新人担当者等から【第３段階】とは異なるより鳥瞰的なコメントやアドバイスを受けることになります。そこでは、さらに【第３段階】の内容にプラスされたアドバイスとなりますので、より個別ケアに関する重要な知識や情報をさらに得ることができます。

　その他、タイムスケジュールに添って業務に取り組んだ時系列の書式欄が他にある場合は、そこに、「他の業務（様々な準備作業や間接的な仕事など）」について、学んだことや行ったことを箇条書きで列記すれば良いと思います。

Ⅰ 新しい職場での心がけ

【新人研修記録（例）】　　　　　　　　　　　　平成27年　○月○○日

【所属先】社会福祉法人　○○会 ○○○○デイサービスセンター		平成　○○年○○月○○日（　曜日） 【新人氏名】　○○　○○○	
8：00	朝礼　利用者情報の確認等	・事前の家族からの連絡事項を確認する	
8：15	送迎業務	・本日の利用者の最近の体調変化等に関する情報確認を行う。	
10：00	入浴業務	・着脱介助に関して、同行にて介助方法を学ぶ。	
11：45	昼食準備	・山口さんの食事介助を行う。	
12：00	昼食介助	配慮の視点や方法に関するアドバイスを受ける。	
13：00	昼食・休憩		
14：00	体操・レクリエーション助手	・認知症の方への補助的な関わりを行う。	
15：15	間食（お茶・おやつ）	・山口さんの食事介助を行う。	
16：00	掃除	・フロアーのテーブル、椅子、床の掃除を行う。	
16：30	反省会		
17：00	終業		

個別ケア以外の業務に関する学び

・送迎時は、送り出す家族から体調等の情報を確認する。変化や特記事項については、メモを取り、センターに戻ってから必ず引き継ぎを行う。乗車時に体温の測定を行う。車の乗降の際、それぞれの方の身体機能を考えて必要な介助を行う。

・入浴介助では、必ず始めに介助の必要性を確認する。確認できない場合は、他職員に尋ねる。衣類の伸び縮みや素材によって、袖を通したりする際に配慮が必要である。冬場は重ね着をされていることが多く、着る順番なども本人の意向を確認する必要がある。浴後は、疲労感が強い利用者の人もいるので、必要に応じて声かけし、お手伝いする方が良い場合もある。

浴室に誘導する際に、浴室内の混み具合を確認し、無理のない状況であることを気にしながら行うこと。また、浴室内の担当者に声をかけ誘導しても良いか聞いた方が良い。

個別ケア場面において考察したこと

【第一段階】
「昼食時に嚥下に障害のある山口さんに対して新人担当職員の舟山さんが、状況に応じて声をかけながら食事介助を行っていた場面について介助方法を学ぶことができました」

【第二段階】
「私は舟山さんとのやり取りを見て、舟山さんが食べものを口に運んだ際、山口さんの嚥下状態を良く確認しながら声をかけていると思いました。また、食べる順序なども配慮して食事介助していると思いました」

【第三段階】
反省会の際のアドバイスを整理します。「山口さんのような嚥下に障害のある人の食事介助の場合、食事や飲み物などはその人の嚥下機能の状態に合ったものを提供しています。とろみや刻む大きさを分けて、咀嚼する力や飲み込む力を活かすことも飲み込んでいることを自覚してもらうことも大切です。また、食事自体を快く楽しんでもらう配慮も大切ですので、本人の意思を会話で確認しながらやり取りしています」とアドバイスを受け食事介助の際に配慮すべき点について気づくことができました。

【第一段階】
「午後の体操の時間に助手としてお手伝いをさせて頂き、認知症の太田さん（仮名）とのやり取りで配慮の方法を学ぶことができました。

【第二段階】
座位姿勢で太田さんがセラピーバンドのゴムを両足の下に踏む動作の際に戸惑われていました。私は側に行ってセラピーバンドを両足の下に踏みますと口頭で念押し伝えましたが、本人は反応ないままでした。
次に私の方でバンドを持ち足の下に掛けてお手伝いしました。

【第三段階】
反省会の際、私自身も戸惑っていましたので、状況を新人担当者に伝え確認をしました。以下にアドバイス内容を整理します。「認知症の方の場合、体操を行うことも重要ですが、太田さんの場合は、参加していることが重要な方です。他の利用者の方と同じように理解して体操ができなくなっています。無理に同じような動作を強要するようなやり取りでは、本人ができない動作や理解力を気にされてしまうことになります」とアドバイスを受け、認知症の方への配慮について気づくことができました。

新人担当者

食事介助の際、意識状態の確認も重要になります。たとえば、覚醒の状態がはっきりしない、気もそぞろな状態であれば、食事に意識を集中してもらうよう声かけや働きかけを必要とする場合もあります。また、飲み込むまで時間がかかる方もいらっしゃるのでよく観察しながら対応しなければならない場合もあります。一人ひとりの配慮の視点が異なりますので、一人ひとりの対応の中で覚えていってください。

氏名　舟山　○○○　　　印

I 新しい職場での心がけ

次に、新人と利用者との直接的な関わりについて新人担当者から指導を受ける状況です。入職後2カ月も経過すると新人担当者や場面ごとの直接指導職員との関わりも徐々に変化していきます。徐々に新人の人も利用者との関わりを任されるようになります。その場合の記録について考えてみます。

新人と利用者との関わりについて間接的な指導を受ける状況（B場面）

図1-3 ＜B場面の関係＞

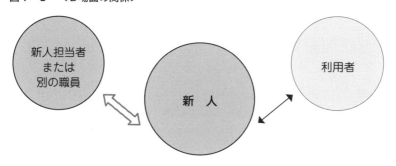

【第1段階の記録】個別ケア場面の事実状況

他の職員と利用者との関わりを側で見守る立場ではなく、図1-3のように自分が実践者として、利用者との関わりをもつ状況となります。

> この場合は、二者関係のやり取りとなるので、自分がどのように働きかけ、それに対して利用者がどのような状況であったのかという双方向の状況を記録することになります。

たとえば、田渕（仮名）さんのトイレ介助の際、右足のモモに張りが有り少し痛みを感じるとのこと。いつもはご自分でトイレを利用できる人です。「その日、事前に本人に確認すると少し心配だから立ち上がりの際に少し手伝ってほしいと言われました。新人担当者に連絡しそのことを伝えると必要に応じて見守り介助をお願いしますと指導を受けました。私は、そばで見守りながら着座からの立位時に声をかけて臀部を支えるように介助しました」。

【第2段階の記録】やり取りの中で思考を通して考えたこと

　その際、何についてどのように考え（What・How）、なぜ（Why）そのような関わりをもったのかということを整理します。
　たとえば、「やり取りの場面では、本人の意思を良く確認することが重要だと思い、安易に手伝わず、話しかけながら様子を確認し見守り、立位の際に体の状態をよく観察しながら必要最小限の介助を行いました。臀部を少し支えることで本人も安心した様子でした」

【第3段階の記録】反省会で受けた説明アドバイスの内容

　反省の時間に新人担当者にそのやり取りについて説明し、アドバイスを受けました。そこでは、「トイレに向かう前に身体の状態を考えて、ご本人に介助の必要性を確認できたことはとても良いことです。でもトイレの間中ずっと、そばで見守りをする必要があったでしょうか。ご本人は、お願いした手前、言い辛かったかもしれません。ご自分の意思をしっかり伝えて頂ける方なので状況に応じてドアの外で待機し、必要に応じて声をかけてもらう、または、呼び鈴を鳴らしてもらう方法もとれたのではないでしょうか。トイレ介助の際には、本人の羞恥心にも配慮が必要です。また、状態の変化やいつもと違う対応については、どのような

場合も引き継ぎ記録に整理し看護職員にも連絡をするようにしてください」とアドバイスを受けました。新人は、その内容をそのままアドバイスとしてノートに整理します。

【第4段階の記録】アドバイスを受けて大切だと気づいた内容

　【第3段階】のような反省会担当職員からアドバイスを受け、さらに大切だと気づいた考察やアドバイスの要点をより簡潔にノートに整理します。

　たとえば、「介助が必要かどうか確認することが出来ましたが、併せてどのような介助や配慮が必要であるのか考えることが重要であると気づきました。また、自分の立場に置き換えて、同性といえどもトイレ介助においては、介助を必要な場面以外では、羞恥心に配慮した見守り状況を心がける必要があること。また、いつもと違う利用者の状態に関わりをもつ際は、その他の場面での対応や家族への連絡のためにも引き継ぎ連絡が重要であると気づくことができました」。

> 　このように一人で個別ケアを任される状況が増えてきた際にも、自らの関わり場面における「事実」とその際に「考えていたこと」を分けて書く習慣をつけておくと記録や思考が整理しやすくなります。なぜなら、先輩や同僚とのコミュニケーションを通してアドバイスを引き出し自らの学びや気づきを深める習慣がつき正しい情報を通して確認できるからです。

I　新しい職場での心がけ

> また、【第4段階】の気づきの整理ですが、これは新人として徐々に仕事に慣れてくると、より要点や重要事項を簡潔に記録整理することが求められます。また、この「気づき」の積み重ねが新人にとっての成長の礎となっていきます。

　仕事の覚え立ての段階では、一方的に教えらたことを必死に覚えたりすることが多いのですが、基本的な考え方や仕事の仕方が身についてくると、徐々に自分の考えとして状況を判断し、考察を深めることが出来るようになります。

　記録のスペースが少ない場合や記録の方法に慣れてくれば、【第3段階】の記録内容は口頭で聞く状況に止め、【第1段階】【第2段階】と【第4段階】をノートに記録しておくこともできるでしょう。

　研修記録を介して新人指導を受けている期間に個別ケアに必要なより多くの知識・技術を学び実践記録の書き方や思考整理の方法なども身につけておくと、一挙両得です。

　実践記録（新人研修記録）を書くという作業は、自らの実践を振り返り確認するという思考作業を伴いますので、新たな知識や技術などを短期間で覚えなければならない新人にとって重要な作業であるという認識で臨んだ方が良いでしょう。

Ⅰ 新しい職場での心がけ

【新人研修記録（例）

【所属先】社会福祉法人　○○会	平成　○○年○○月○○日（　曜日）
○○○○ショートステイ	【新人氏名】　○○　　○○○

時刻	業務	内容
8：30	朝礼・入居者情報の確認 夜勤者の報告等 各居室の掃除	・特記事項や体調不良者に関する情報確認
10：00	新入居者の荷物整理 フロアーにて見守り	・荷物確認における諸注意　洗濯用の記名等 ・状況に応じてトイレ介助を行う。
11：45	昼食準備	
12：00	昼食介助	・食事介助の際に配慮点に関する確認を行う。 ・下膳の際の食事量等の確認作業について説明を受ける。
13：00	昼食・休憩	
14：00	入浴介助	・浴室等の準備・掃除作業の説明を受ける。 ・入浴介助の際の配慮について指導を受ける。
16：00	フロアーの見守り	・洗濯物整理の方法について説明を受ける。 ・認知症の方の個別対応を行う。
17：00	反省会	
17：30	終業	

個別ケア以外の業務において学んだこと
・新入居者用の持ち物確認表の書式説明を受ける。本人に事前によく説明し、対応させて頂くこと。帰宅の際に紛失物がないように、持ち物の色やサイズ、形態等についても記載すること。また、衣類に関しては、洗濯時の不明がないように裏のラベル等に記名をさせて頂く。
・昼食後の食事量の確認について、基本的に全員行い、特に残された食事内容や量について記録する。また、特定の人に関しては、体調管理の視点から水分摂取量を併せて記載する。
・トイレ介助の際は、特定の人に関して使用後の確認をさせて頂き、記録に残す。
・入浴後の洗濯物の整理に関しては、乾燥機を使うと縮み易い素材については、別分け対応する。
・特殊浴槽の機械操作に関して、再度注意点などの説明を受ける。
・フロアーにおける、着座する際の配慮や見守り方法に関して、個別状況に応じた説明を受ける。

個別ケア場面において考察したこと

【第一段階】
　田渕さんの昼食後のトイレ介助の際、右足のモモに張りが有り少し痛みを感じるとのこと。いつもはご自分で対応できる人ですが、事前に本人に確認すると少し心配だから立ち上がりの際に少し手伝ってほしいと表現されていました。職員の飯島さんに連絡し、そのことを伝えると必要に応じて見守り介助をお願いしますと言われました。私は、そばで見守りながら着座からの立位時に声をかけて臀部を支えるようにしてお手伝いしました。

【第二段階】
　実際の介助では、本人の意思を良く確認することが重要だと思い、安易に手伝わず、話しかけながら様子を確認しながら見守り、また立位の際に体の状態をよく観察しながら必要最小限の介助を行っています。臀部を少し支えることで本人も安心した様子でした。

【第三段階】
　反省会の時のアドバイスを整理します。「トイレに向かう前に身体の状態を考えて、ご本人に介助の必要性を確認できたことはとても良いことです。でもトイレの間中ずっと、そばで見守りをする必要があったでしょうか。ご本人は、お願いした手前、言い辛かったかもしれません。ご自分の意思をしっかり伝えて頂ける方なので状況に応じてドアの外で待機し、必要に応じて声をかけてもらう、または、呼び鈴を鳴らしてもらう方法も取れたのではないでしょうか。トイレ介助の際には、本人の羞恥心にも配慮が必要です。また、状態の変化やいつもと違う対応については、どのような場合も引き継ぎ記録に整理し看護職員にも連絡をするようにしてください」と教えて頂きました。

【第四段階】
　介助が必要かどうか確認することが出来ましたが、合わせてどのような介助や配慮が必要であるのか考えることが重要であると思いました。また、自分の立場に置き換えて、同性といえどもトイレ介助においては、介助を必要な場面以外では、羞恥心に配慮した見守り状況を心がける必要があること。また、いつもと違う利用者の状態に関わりをもった際は、その他の場面での対応や家族への連絡のためにも引き継ぎ連絡が重要であると気づくことができました。
（場合によって第3段階は省略し、空いたスペースで別の個別対応の学びを整理しても良いでしょう）

新人担当者

　フロアーの見守り中にトイレ介助が必要な際は、一緒に対応して入る職員との連携が必要になります。自分がトイレ介助でその場から抜けても、適切な見守りが継続できるように配慮しなければなりません。その場合、トイレ介助も優先しなければなりませんので、他の職員に一声かけ、自分の状況を伝えることで構いません。トイレの介助に関してですが、頻繁にトイレ通いされ実際には用を足さずに済まされる方もいます。また、体調管理上の観点から用を済まされた後の確認をさせて頂かなければならない方もいらっしゃいます。個別対応の中で着実に必要な介助ができるようにしていってください。

　　　　　　　　　　　　　　　氏名　飯島　○○○　　　　　　印

職場研修で効果的に学ぶ

　介護の現場では、それぞれの事業所ごとで法定基準に基づく職場研修の実施が義務づけられています。

例） 特別養護老人ホーム（特別養護老人ホームの設備及び運営に関する基準：平成11年3月31日厚生省令第46号）の場合

- 事故発生の防止及び発生時の対応に関する研修　年2回以上
- 衛生管理（感染症・食中毒等）　年2回以上
- 褥瘡予防　定期的かつ継続的
- 身体拘束　年1回以上
  また、特定加算や業務管理体制、外部評価項目等に関連する研修等もあります。
- 看取り介護研修
- 法令遵守のための研修
- 認知症対応に関する研修
- 高齢者虐待防止法に向けた研修　等々

　これらの職場内で行われる法定研修は、新人にとっても専門的な知識や情報を得る上で大切な機会となります。また、介護の仕事の上で最低限、身につけておかなければならない技術や注意を要する知識や情報も含まれます。

　しかし、短時間の研修時間だけでは、覚えきれない情報もありますので、職場に据え置かれている各種対応マニュアルを再度確認しておくことが重要です。また、各事業所における介護現場でのリスクとどのように向き合い、組織的・予防的な対応を行っているのかというリスクマネジメントについては、後の章で整理していますので参照してください。

　これらの法定研修以外にもそれぞれの職場において、必要な学習会や研修が行われています。実施の状況は、就労時間内や就労後等、職場の状況も様々です。限られた時間での学びを日頃の実践と結びつけ理解を図り、早く一人前の職員になるために前向きに研修の機会を活かしていくことをお勧めします。

関連する資格&研修

●介護福祉士

「社会福祉士及び介護福祉士法（昭和62年法律第30号）」が第108国会において昭和62年5月21日成立、同5月26日公布された。

介護福祉士は、介護福祉士となる資格を有する者が、所定の事項について登録を受けることにより（法第42条）、介護福祉士の資格を取得することができます。また、介護福祉士は、介護福祉士の名称を用いて、専門的知識及び技術をもって、身体上または精神上の障害があることにより日常生活を営むのに支障がある者について心身の状況に応じた介護を行ない、並びにその者及びその介護者に対して介護に関する指導を行なうことを業とする者（法第2条）とされている。

〔資格取得の方法〕 実務経験ルート、福祉系高校ルート、養成施設ルートがあり、実務経験ルートの場合は、実務経験3年と実務者研修修了により筆記試験の受験の

【取得ルート】

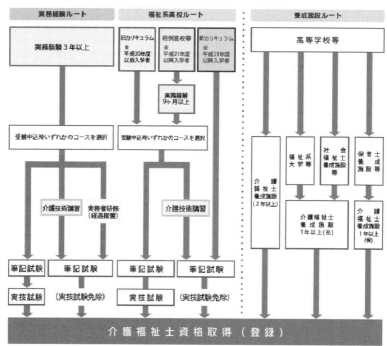

公益財団法人社会福祉振興・試験センターホームページより抜粋

みで取得できる。(平成29年1月試験より)公益財団法人社会福祉振興・試験センターが受験窓口となっている。

平成29年1月の国家試験から3年の実務経験ルートの場合は実務者研修修了を用件に一本化され介護福祉士国家試験を受験することで国家取得できるように変更となる予定です。(実技試験免除)

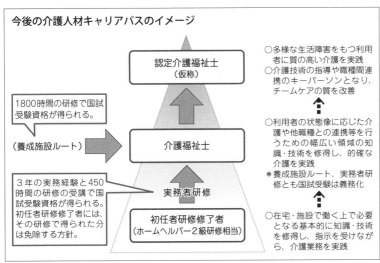

●介護職員初任者研修

　介護職員初任者研修は、介護に携わる者が、業務を遂行する上で最低限の知識・技術とそれを実践する際の考え方のプロセスを身につけ、基本的な介護業務を行うことができるようにすることを目的として行われるものである。都道府県及び指定を受けたものが実施する公的資格研修である。10科目130時間の履修カリキュラムである。開講している機関によって通信制学習を併修する等によって履修期間が異なる。概ね4月から6月である。
〔**受講の方法**〕当研修を開講している機関・学校に直接、募集期間に個人で申し込む。

●介護職員 実務者研修

　社会福祉士及び介護福祉士法等の一部を改正する法律(平成19年法律第125号)により、介護福祉士試験の受験資格が改正され、平成28年度国家試験(平成29年1月予定)から、3年以上の実務経験者に6カ月以上の実務者研修の受講が求められることになっている。そのため、ホームヘルパー2級取得者や介護職員初任者研修修了者、実務経験3年のみの者等が働きながら受講できるように通信課程を主とした1年コース等があり、介護福祉士養成校や社会福祉法人など様々な機関で研修を実施している。履修科目は、社会福祉制度(介護保険等)・認知症の理解・医療の知識・障害の理解・介護技術・介護過程・たんの吸引、経管栄養等で450時間行われる。介護職員初任者研修を修了しているものは、130時間を除く320時間の履修となる。履修期間は、実施機関のカリキュラムにより異なる。

〔**受講の方法**〕当研修を開講している機関・学校に直接、募集期間に個人で申し込む。

●介護支援専門員

　介護支援専門員とは、要介護者等からの相談やその心身の状況等に応じ、適切な居宅サービス、地域密着型サービス、施設サービス、介護予防サービスまたは地域密着型介護予防サービスを利用できるよう市町村、居宅サービス事業を行う者、地域密着型サービス事業を行う者、介護保険施設、介護予防サービス事業を行う者、地域密着型介護予防サービス事業を行う者等との連絡調整を行う者であって、要介護者等が自立した日常生活を営むのに必要な援助に関する専門的知識及び技術を有するもので、介護支援専門員証の交付を受けたものとされている(介護保険法第7条第5項)。介護支援専門員の業務は、介護サービス計画(ケアプラン)を作成し、居宅サービス事業者や施設等との連絡調整を行ったり、介護保険の給付管理事務を行うなど、介護サービスの支援を担当する重要な役割を担っている。

〔**資格取得の方法**〕介護支援専門員として登録・任用されるには都道府県の実施する「介護支援専門員実務研修受講試験」に合格し、「介護支援専門員実務研修」の全日程を受講し、レポートを提出することが求められる。「介護支援専門員実務研修受講試験」の受験資格としては、大まかに下記の様に、法定資格(介護福祉士等)所持者等は5年以上の、それ以外の者は10年以上の実務経験が必要とされている。

I 新しい職場での心がけ

●福祉用具専門相談員

　福祉用具専門相談員指定講習を修了した者。介護保険制度では福祉用具貸与が保険給付の対象となっているため、指定居宅サービスとして福祉用具貸与事業を行う場合、各事業所に2名以上の専門相談員を配置することが定められている。厚生労働大臣が指定する講習会を受講する。平成18年度からは介護保険法改正により指定講習会の指定事務は都道府県が行うこととなった。合計40時間行われる。

〔**受講の方法**〕都道府県が指定した福祉用具専門相談員指定講習を受講し、所定の課程を修了する必要がある。講習内容は、「老人保健福祉に関する基礎知識」、「介護と福祉用具に関する知識」、「関連領域に関する基礎知識」、「福祉用具の活用に関する実習」である。また、講習会場において実際の福祉用具を使って行う実習も行われる。各指定研修機関によって異なるが、講習のスケジュールは40時間のカリキュラムを6日間に配分して、連続して行うことが多い。

●福祉住環境コーディネーター

　福祉住環境コーディネーターとは、高齢者や障がい者に対し、できるだけ自立しいきいきと生活できる住環境を提案するアドバイザーです。医療・福祉・建築について体系的に幅広い知識を身に付け、各種の専門家と連携をとりながらクライアントに適切な住宅改修プランを提示します。医療・福祉・建築について総合的な知識を身に付けている福祉住環境コーディネーターへの社会的ニーズは確実に高まっている。

〔**資格取得の方法**〕東京商工会議所が主催しており、民間資格に分類されている。1級から3級まであり、福祉系の資格としては珍しく特に受験資格は要らず、誰でも受験することができる。

●福祉レクリエーションワーカー

　福祉レクリエーションワーカーとは、福祉施設などでレクリエーションを行なう際に企画、運営をする専門家です。レクリエーションを通して、施設の利用者や高齢者・身体障害者などに、生きる喜びや楽しみ、いきいきと生活できるように支援をします。また、地域住民との交流を作るコーディネーターとしての役割も果たします。社会福祉・医療・保健など様々な分野からレクリエーションを提案し、自立支援のお手伝いをします。公益財団法人日本レクリエーション協会認定資格。

〔**資格取得の方法**〕公益財団法人日本レクリエーション協会で定める受講のための基

礎用件及び受講システムがあり、通信教育、スクーリング 定審査等の課程を経て取得認定となる。詳細については、同協会のホームページ等でも確認できる。

●認知症介護実践研修

　高齢者介護実務者及びその指導的立場にある者に対し、認知症高齢者の介護に関する実践的研修を実施すること、認知介護技術の向上を図り、認知症介護の専門職員を養成し、もって認知症高齢者に対する介護サービスの充実を図ることを目的に、認知症介護を提供する事業所を管理する立場にある者等に対し、適切なサービスの提供に関する知識等を修得させるための公的な研修である。都道府県または指定都市（以下「都道府県等」という）が、その責任の下に事業を実施している。
〔受講の方法〕介護保険施設・事業者等に従事する介護職員等であって、実施主体の長が適当と認めた者が対象となる。受講を希望する者は、市町村の長または所属の介護保険施設・事業者等の長を通じて、実施主体の長に申し出る。

●介護予防運動指導員・介護予防運動指導員養成事業

　財団法人東京都老人総合研究所の研究成果に基づく介護予防のための運動指導等の能力を有するものとして、財団法人東京都高齢者研究・福祉振興財団が認めたものです。
　介護予防運動指導員養成事業は、介護予防の現場で働く指導員を養成するもので、センター研究所の指定を受けた事業者が実施します。介護予防主任運動指導員等が、センター研究所の提供する各種介護予防プログラムの理論及び高齢者筋力向上等トレーニングなどの講義・演習等を行います。看護師、理学療法士、介護福祉士、介護支援専門員、健康運動指導士など一定の受講要件に該当する方が対象となります。
　介護予防主任運動指導員養成事業は、東京都健康長寿医療センター研究所（東京都老人総合研究所、以下センター研究所という）が有する「介護予防のノウハウ」を広めるため、高齢者筋力向上等トレーニングを行う介護予防運動指導員の育成にあたる講師を養成するもので、センター研究所が養成講習等を直接行う。健康づくり、保健、介護給付関連事業を展開し、高齢者の自立支援を目的とした介護予防事業に理解を有し、かつ介護予防運動指導員の養成に意欲のある事業者(法人)が推薦する方が対象となります。

●社会福祉士

　社会福祉士は、社会福祉士となる資格を有する者が、所定の事項について登録を受けることにより（法第28条）、社会福祉士の資格を取得することができる。また、社会福祉士は、社会福祉士の名称を用いて、専門的知識及び技術をもって、身体上若しくは精神上の障害があることまたは環境上の理由により日常生活を営むのに支障がある者の福祉に関する相談に応じ、助言、指導、福祉サービスを提供する者または医師その他の保健医療サービスを提供する者その他の関係者との連絡及び調整その他の援助を行なうことを業とする者（法第2条）とされている。

〔**資格取得の方法**〕福祉系大学等ルートによる受験他、相談援助業務経験4年と一般養成施設1年を経ての受験等、いくつもの受験資格ルートがある。詳細については、公益財団法人社会福祉振興・試験センターのホームページ等で確認することができる。受験窓口も同様である。

●精神保健福祉士

　精神保健福祉士は、精神保健福祉士となる資格を有する者が、所定の事項について登録を受けることにより（法第28条）、精神保健福祉士の資格を取得することができる。精神保健福祉士は精神保健福祉士の名称を用いて、精神障害者の保健及び福祉に関する専門的知識及び技術をもって精神科病院その他の医療施設において精神障害の医療を受け、または精神障害者の社会復帰の促進を図ることを目的とする施設を利用している者の社会復帰に関する相談に応じ、助言、指導、日常生活への適応のために必要な訓練その他の援助を行なうことを業とする者（法第2条）とされている。

〔**資格取得の方法**〕福祉系大学等ルートによる受験他、相談援助業務経験4年と一般養成施設1年を経ての受験等、いくつもの受験資格ルートがある。詳細については、公益財団法人社会福祉振興・試験センターのホームページ等で確認することができる。受験窓口も同様である。

●介護福祉経営士

　一般社団法人：日本介護福祉経営人材教育協会が認定する民間資格です。

　介護福祉経営に関する法制度、財務会計、リスクマネジメント、コンプライアンス、人材育成など多岐にわたる知識を修得し、かつ、実務の現場において広くその知識・経験を発揮できる、「介護福祉分野の経営」を担う専門職のための認定資格

制度である。

〔資格取得の方法〕 全国7都市で行われる資格認定試験は、全国7都市で行われている。

「介護福祉経営士2級」と次段階の「介護福祉経営士1級」に分かれている。

「介護福祉経営士2級」資格認定試験の受験資格については、年齢、学歴、国籍等の制約はない。(成年被後見人および被保佐人でないこと。「介護福祉経営士1級」の資格認定試験については、「介護福祉経営士2級」(正会員)であることが受験要件となっている。

II 基礎技術力を確認する

第3章

介護技術を
どのように学ぶのか

1．個別ケアから学ぶ基礎と応用

　新人は、まず個々の利用者の身体的な状態や必要な介護方法を新人担当者のスーパービジョンを通して学びます。その場合、介護の基本的な技術を個別状況に応じて応用的に用いなければなりません。専門的な学校等で基本技術を学んで来た場合は、個別ケアを通してすぐに応用的な技術を学ぶことになります。

　しかし、他職種から転職した人などは、基本的な介護技術自体も実践の中で学ばなければなりません。それは、決して不可能ではなく、新人として基本技術とその応用技術との関係をよく自覚し学んでいけば良いわけです。実践における介護技術は、すべて、その人仕様の独自な介助方法や介護技術が必要になるので、個人との関わりで知識や技術を増やし学んでいきます。ある意味では、即応用的な介護技術を実践しなければなりませんので、実践とは別の形で基礎的な技術や理論を学び理解を

II 基礎技術力を確認する

図る事も必要になります。それでは、なぜ実践の中で基礎的な介護技術を改めて確認し学んでいく必要があるのでしょうか。

たとえば、この後で触れますが介護職員の離職率に大きく関係する腰痛の問題を考えてみます。介護実践の中で先輩から習い、身につけた介護方法が実は自分自身の体のサイズと利用者の体のサイズに配慮できていないとします。特に利用者の体格等への配慮はできていても自分の体格にあった方法を考えていない場合のような例です。具体的には、実際に教えてもらった方法では、ベッドの高さを調整することを重視していなかったため、新人はずっと自分の体格のことに気を止めず中腰の姿勢を意識せずに介助を続けてしまい腰痛になってしまうという悲劇が起こる場合もあります。ゆえに新人が何らかの方法で基礎となる介護技術を確認し、「基礎」と「応用」の違いを自分で認識する機会をつくることは、自分の実践を振り返ることになります。自分自身の身につけた介護技術を時に検証し我流で不自然な対応や介助の方法になっていないかを確認することでもあります。そのことは、自分自身の問題だけではなく、未熟な介助方法を通した利用者への不適切な介助につながる等の影響を及ぼす可能性があるからです。

また、基礎技術を確認することで介護技術を体系的に自分自身の中で理解しやすくなります。いずれ、今は新人でも先輩として技術を教える立場になりますので、新人に対して正しい指導ができるようになります。

新人として基礎的な介護技術を学ぶ方法は、その必要性を自覚できれば多様にあります。自ら介護福祉士等のテキストや専門書で確認することもできますし、新人指導期間に新人担当者に自ら積極的に手ほどきを受けることもできます。職場内研修の機会や介護福祉士の先輩から学ぶこともそうです。今は、DVD等視覚的に理解を図れる教材なども探せば手に入りますので、まずは「基礎」を新人の内に確認しておくことをお勧めします。

また、個別ケアにおける応用的な介護技術は職員チーム全体で共有し

実践されます。個別的な身体状況などに応じた適切な介護方法は、理学療法士（PT）作業療法士（OT）等の職員を中心に身体状態を事前によく確認した上で判断されます。新人が介護技術の理解を図っていく上で重要なことは、それぞれの介助動作や介助場面において、何故、そのような介護方法が必要なのか、その根拠をよく確認しながら覚えていくことです。

個々の対応で必要な介護技術の方法について職場のチームの中でどの程度検討が行われているのかは、その職場によっても若干違いがあるかもしれません。新人として利用者に向き合い介護を行う際に根拠となる理由を常に上司に確認しながら介助方法を身につけ覚えて行くことが一人前への早道だと思います。

また、新しい介護技術の研究や方法などは日進月歩の観がありますので、独り立ちしてからも外部の研修会等に参加したり、専門書を手がかりに自己研鑽し勉強を続けて行くことが重要かもしれません。

たとえば、難しい利用者対応のための具体的な事例勉強会や新しい福祉用具を用いた介助方法のための職場内研修の提案をしていくなど、自らが率先して学び合える「職場文化」をつくっていくことも不可能ではありません。

2．腰痛に負けないために

介護職の場合、せっかく職場に慣れて、介護の仕事のやりがいを感じながら前向きに仕事に取り組んでいた矢先に腰痛が起こってしまう場合があります。新人の内に腰痛対策を自覚して仕事に臨むことが賢明でしょう。無理に腰に負担をかけてしまうような介助の方法や体の使い方を行わないように対応することは可能です。一度、腰痛に悩まされるとどん

なに意欲があっても、慢性化して場合によっては離職を検討しなければならない程の要因になる場合もあります。新人が個別ケアの方法を学ぶことと平行して如何にその際に自分の腰に負担をかけないで介助すべきかという方法も自覚しておくことが重要です。新人指導の先輩職員から直接指導を受ける段階で、あらかじめ腰に負担をかけない方法で介助方法を身につけて行きたい旨を伝えておいても一向にかまいません。介助者によって、体格や身体能力に違いがあります。また、身長などによってもベッドの高さの調整など違いがありますので、指導する先輩職員にも配慮してもらえるよう伝えておくことは必要です。新人の場合は、特に介助に慣れていないので自分自身の体の使い方に、ついつい無理を強いてしまうという危険性もあります。

　介護の仕事は、双方向の人間関係で成り立っています。介助する職員が腰の負担などを考えなくてすみ、安心してケアが行える状況であれば、介助される利用者も安心して介助を受けられることになります。

　腰痛の原因や予防対策の方法などは、厚生労働省の【職場における腰痛予防対策指針及び解説（平成25年10月）】の中で介護労働の特性を踏まえた職場内の組織的な環境の整備、労働者の健康保持増進の対策を含め、腰痛予防対策の基本的な進め方について具体的に整理しています。また日頃からの予防のための身体ストレッチ体操の方法なども紹介しています。その対策指針の中で「リスクの回避・低減措置の検討及び実施」に関して、取り上げられている項目から具体的な腰痛対策についていくつか抜粋します。

Ⅱ　基礎技術力を確認する

腰痛のリスク回避・低減措置の検討及び実施

<small>厚労省【職場における腰痛予防対策指針及び解説（平成 25 年 10 月）】より抜粋</small>

(1) 対象者の残存機能の活用
　対象者が労働者の手や身体、手すり等をつかむだけでも、労働者の負担は軽減されることから、予め対象者の残存機能等の状態を確認し、対象者の協力を得た介護・看護作業を行う。

(2) 福祉用具の利用
　スライディングボードを利用して、ベッドと車いす間の移乗介助を行うには、肘置きが取り外しまたは跳ね上げ可能な車いすが必要である。その他、対象者の状態に合った車いすやリフトが利用できるよう配慮すること。なお、各事業場においては、必要な福祉用具の種類や個数を検討し、配備に努めること。

(3) 作業姿勢・動作の見直し
① 抱上げ
　移乗作業や移動時に対象者の残存機能を活かしながら、スライディングボードやスライディングシートを利用して、垂直方向への力を水平方向に展開することにより、対象者を抱え上げずに移乗・移動できる場合がある。また、対象者が立位保持可能であればスタンディングマシーンが利用できる場合がある。
② 不自然な姿勢
　不自然な姿勢を回避・改善するには、以下のような方法がある。

　上記の対策マニュアルの項目について少し補足してみたいと思います。
　1つ目は（1）の対象者の残存機能の活用です。このことは、腰痛のリスク対策としても重要ですが、日頃の介護対応においても自覚しておかなければならないことの1つです。本人が、どの程度自力で行えるのか、どの程度の介助が適切であるのかということは、前述のようにリハビリ担当の専門職やチームでのアセスメントに添って確認し対応しなければなりません。利用者本人の動こうとする力に添って最小限の介助を行う対応が利用者にとっても、介助者の腰痛予防の点からも重要です。

> - 対象者にできるだけ近づいて作業する。
> - ベッドや作業台等の高さを調節する。ベッドの高さは、労働者等がベッドサイドに立って大腿上部から腰上部付近まで上がることが望ましい。
> - 作業面が低くて調節できない場合は、椅子に腰掛けて作業するか、ベッドや床に膝を着く。なお、膝を着く場合は、膝パッドの装着や、パッド付きの作業ズボンの着用などにより、膝を保護することが望ましい。
> - 対象者に労働者が正面を向けて作業できるように体の向きを変える。
> - 十分な介助スペースを確保し、手すりや持ち手つきベルト等の補助具を活用することにより、姿勢の安定を図る。
>
> （以下省略、項目のみ）
>
> **(4) 作業の実施体制**
> **(5) 作業標準の策定**
> **(6) 休憩、作業の組合せ**
> **(7) 作業環境の整備**
> **(8) 健康管理**
> **(9) 労働衛生教育等**

　2つ目は、（2）の福祉用具の利用についてです。近年は、利用者の移乗等の動作への負担軽減と共に介護者の腰痛対策としてもスライディングボードやスライディングシートの活用が現場に普及しつつあります。それらを活用した介護技術の指導書なども出版されています。

　市川洌[1]らは、移乗介護における腰痛の主な原因として移乗介護の方法が関係していること、特に本人の脇の下に腕を入れ、抱え上げるような移乗介護の方法が普及していることにあると警鐘しています。そして、利用者本人のできる動作を活用し、介助者が力仕事をせず、双方が安全

で、安心して移乗動作ができる方法の1つがスライディングボードやスライディングシートの活用であるとし、本人の身体機能、環境条件、生活目標に対応した具体的な使用方法を紹介しています。

　3つ目は、(3) 作業姿勢・動作の見直し項目の中で取り上げられている、介護における不自然な姿勢に対する注意です。腰痛の場合、腰部やその周囲の筋肉の緊張が関係するとされています。重症の場合は、医師による治療を必要とすることになりますが、日頃の介助姿勢における不自然な姿勢や動作を確認し、改善することで予防できます。対策指針の中でも整理されていますが、一般に介護技術の基本書においても力任せの移動支援ではなく、ボディメカニズムを活用し介護者の負担を軽減することが奨励されています[2]。ボディメカニズムとは、正常な運動機能が身体の神経系、骨格系、関節系、筋系がお互いに影響し合い維持されている仕組みの総称として用いられています。ボディメカニズムを活かした介護の基本原理を整理しておきます。

① 介助者が足と足の間隔を広くし支持基底面積を広くとるほど身体は安定する。
② 介護者と利用者双方の重心を近づけることで移動しやすくなる。
③ 身体全体の筋肉に力を配分し、腕などの1つの筋群だけに緊張を集中させないようにする。
④ 利用者の腕や足を組み、身体がベッドなどに摩擦する面積を少なくすることで移動の負担が少なくなる。
⑤ ベッドの上などで移動する場合は、押す動作よりより引く動作の介助方法の方が少ない力ですむ。
⑥ 介助者が背筋を伸ばし、骨盤を安定させ、膝の屈伸を使うことで腰の負担を防ぐことができる。
⑦ 介助の際に身体をねじらず、常に肩と腰を平行に保つ姿勢を保つことで腰の負担をなくすことができる。

⑧ 介助者がベッドサイドに膝を押しつけながら手前に引き寄せる状況やベッドの上で肘をつき頭部を支える状況等、てこの原理を用いて係る力を分散させる。

次に対策指針の中で奨励されている介助方法としてベッドや床に膝を着く方法についてです。

大塚洋は、介助者の腰痛にも配慮した新しい視点から具体的な介助方法を紹介しています[3]。その中で、たとえばベッドから車いすへの移乗動作の方法として介助者が床とベッドに膝をつき、膝を軸にして身体全体が斜め前方に回転するように持ち上げ、肩にかつぐようにして移乗する方法など具体的な手順を紹介しています。それぞれの現場での個別の介助方法は、前述のようにチームで確認共有されて行われますので、すぐに膝をつく介助方法が適応できるとも限りませんが、情報交換する事はできます。

しかし新人として様々な方法について情報収集したり現場に情報提供したりすることは可能です。常に現場の中では個別の事情を配慮し、よりより介助方法を常に検討し実践しているのですから、利用者にも負担が少なく、介助者の腰痛に配慮した介助方法についてもチームで検討していくことは可能なはずです。

移乗などの直接的な身体介助の場面に限らず、腰痛対策のために、中腰姿勢にならないよう工夫しながら仕事を行うことも大切です。どうしても高齢者の目線に合わせた姿勢や対応が多くなりますので職員も腰をかがめなければならない姿勢が多くなります。その場合でも膝の屈伸で高さを調節するなどの配慮が必要です。また、予防のために腰に負担をかける中腰にならないようコルセットを使用する対応方法もあります。その他、日頃から健康のために運動などを心がけている人の場合は問題ないでしょうが、腰痛に焦点を当てた簡単なストレッチ体操を短時間でも継続して行うこと等も重要な予防対策となります。

中央労働災害防止協会で発行している介護職のための腰痛予防テキスト[4)]から、就業前や空いた時間に手軽にできるストレッチ体操（ストレッチング）を紹介します。

- 廊下、フロアなどで行うストレッチング（筋肉を伸ばした状態で静止する静的ストレッチング）介護施設には手すり、テーブル、椅子、受付カウンターなどがあります。それらをストレッチングの補助道具として利用します。

a　手すり、椅子などを利用した大腿前面（太ももの前側）のストレッチング

b　手すり、椅子などを利用した下腿後面（ふくらはぎ）のストレッチング

20〜30秒間姿勢を維持し、左右それぞれ1〜3回伸ばします。

20〜30秒間姿勢を維持し、左右それぞれ1〜3回伸ばします。

c　手すり、壁を利用した体側のストレッチング

d　手すり、壁を利用した大腿外側部（太ももの 外側）・臀部（お尻）・腹部のストレッチング

20〜30秒間姿勢を維持し、左右それぞれ1〜3回伸ばします。

壁に背を向けて立ち、上体を壁に向けひねります。
20〜30秒間姿勢を維持し、左右それぞれ1〜3回伸ばします。

e 手すり、机などを利用した上半身のストレッチング

f 手すりを利用した背中のストレッチング

20〜30秒間姿勢を維持し、1〜3回伸ばします。

20〜30秒間姿勢を維持し、1〜3回伸ばします。

g 廊下で行う大腿内側（太ももの内側）のストレッチング

20〜30秒間姿勢を維持し、1〜3回伸ばします。

【引用・参考文献】
1）市川洌・松本多正・滑らせる技術検討会『滑らせる介助の技術―スライディングシート・トランスボードの使い方』中央法規出版 2014
2）介護福祉士養成講座編集委員会編　新介護福祉士養成講座『生活支援技術Ⅱ第2版』中央法規出版 2009
3）大塚洋著　三好春樹監修『介護現場の腰痛ゼロマニュアル―環境・介護法からケアを変える』雲母書房 2005
4）「介護業務で働く人のための腰痛予防のポイントとエクササイズ」　中央労働災害防止協会：介護事業・運送事業における腰痛予防テキスト作成委員会　平成22年10月

第4章

独り立ちの目安
～チェックリストの活用

　現場によってチューター制度等の新人や一般職員のための業務や介護技術の習得度合いを確認できるように独自のチェックリストを使用している場合が少なくないと思います。人事考課や昇進と関連させて組織的な人事システムの中に位置づけている場合もあると思います。

　自分自身の介護技術のレベルはどの程度であるのか、職場の業務をどの程度習得できているのか等を判断する目安になるものがやはり必要です。

　それぞれの職場で新人用にチェックリスト等が独自に整理されている場合、新人指導期間に必要に応じてチェックリストに添って面談を行うなど業務や介護技術の習得状況や課題を確認したりするために使用されます。また、その延長線上で業務上の独り立ちできるかどうかという配属状況に繋がっていくはずです。新人としてどの程度仕事を覚え、今後の残された課題は何かというわかりやすい目安になるものを用意し自己成長を確認する方法を用いることが必要でしょう。

以下に、目安となる基本項目を整理し、個別ケアにおける介護技術に関する項目については、細目に分け整理します。

1．組織の勤務内容や就労に関する規則を理解する

　組織の就業規則を理解することが求められることは、介護現場に限らず必要なことです。介護保険の事業所や施設は、前述のように人件費等に関しては厳しい台所事情の背景があるかもしれません。それゆえ残業の扱い等や給与に限らず、福利厚生や休業補償なども組織によってルールが異なる場合もあるでしょう。

　組織のよっては、たとえば子育て環境の変化に応じて勤務時間に柔軟性をもたせて、パートタイムと正規職員勤務を希望に応じて変更できる仕組みを作っている場合もあるようです。代休や有給休暇の扱いなども同様です。休みを取れる時期や状況にも融通の利く仕組みをつくっている場合もあります。職場独自の「職場文化」に大きく影響を与えている就業規則や就労に関するルールをまず理解しておくことは、安心して自分自身の仕事に従事するためにも重要でしょう。

2．組織の運営理念に関する基本的な考え方を理解する

　公的な介護保険事業を行う組織として法令遵守が強調されていることは前に触れました。組織形態に限らず、組織の運営理念は、介護事業を設置運営するためにも求められていますし、自分の所属する組織の運営理念をよく理解しておくことは重要です。なぜなら、組織の運営理念の

理解は、法制度に基づく公共の福祉事業に携わる職員として職務指針でもあるからです。⇒【第1章1-1】参照

　新人にとって、組織の運営理念は一見抽象的なスローガンのように受け止められてしまう可能性があるかもしれません。公共の福祉サービスに携わる上では、ある意味この抽象的とも取れる運営理念を日頃の介護サービス実践と結びつけ、より具体化した実践的理解を図るとことが真の理解につながります。

3．事業に携わる上での基本的な法制度を理解する

　介護保険制度に関する基本的な理解が求められます。利用者との関わりにおいて、どのような介護保険サービスを提供しているのかを知っていることは当然必要です。また、所属する介護保険適応の事業所が、どのような基準に基づいて運営されているのかという、事業所や施設の設置・運営基準についても、理解しておくことが必要です。その他、生活保護法、障害者総合支援法、精神保健福祉法等の関連する福祉サービスを重複利用している人もいますので、必要に応じて理解を図ることも求められます。

　特に介護保険事業の場合、後の資料でも整理していますが、定期的な法改正が行われ、新たなサービスの創出や変更などが行われています。介護保険事業だけでも様々なサービスの種類や内容がありますので、すぐに全てを理解することは難しいでしょうから、必要に応じて紐解けるような資料や書籍等を用意しておくと便利です。

　また、個別ケアを学ぶ過程において、個人資料などで確認しなければならないサービスや事業内容をその都度確認しながら理解を図っていく方法も自ずと必要になります。

4．現場の基本的な業務を理解する

　入所施設や訪問介護事業所などでは、交代制勤務になっています。勤務のローテーションやそれぞれの時間帯ごとに担当する業務が異なりますので、順次新人として配属状況に応じて仕事を理解していかなければなりません。その中には、情報伝達を通して次の交代職員に適切な引き継ぎを行うことが含まれることは言うまでもありません。

　新人として、まず覚えなければならない業務は、基本的に自分自身が担う業務が中心になりますが、組織や事業所全体で関わりをもつ委員会業務等も徐々に増えていきます。また、同じ事業所内での職員チームで新たに担わなければならない行事等の業務も増えていきます。

　介護現場の経験のある新人の場合は、個別ケアの方法や業務などの基本は理解している人が多いので、経験のない新人とは、自ずと独り立ちのペースや時期が大きく違ってきます。

　一方、介護現場に不慣れな新人の場合は、個別ケアをしっかり行うだけでも多様な知識や技術が求められます。個別ケアを中心に基本業務を確実に覚えて行く方が良いでしょう。

　そのためにも成長度合いを確認するためのスケールやチェックリストを用い、着実に少しずつ理解を図っていくことが、自分自身を見失わずに独り立ちする上で重要だと思います。

5．仕事に取り組む基本的な姿勢を理解する

　社会人として時間を守ることなどの基本的な態度や身だしなみを理解していることは大前提です。その上で介護保険事業では、どのような介護サービスでも、接客サービスとしての基本的な姿勢が求められます。介

護サービスの利用者は自分の事業所や福祉サービスを選んで利用してもらっているお客さんでもあります。高齢者のもつ価値観に添った言葉遣い、身だしなみ、状況に応じた適切な応対などを身につけることが基本になります。とはいえ、状況に応じた言葉遣いや対応を一朝一夕に習得するのは難しいものです。良い先輩を手本にして見習い、繰り返し場を重ね練習する中で身につけて行くしかないでしょう。

　その点社会経験のある新人の場合は、年齢相応の心遣いや気配りなどできますので、接客の奥義を極めて自分らしさや経験を大いに活かすことも可能かもしれません。

6．適切な介護サービスを提供できる

A　利用者の個々の対応に求められる共通の知識と技術を理解している

　個別ケアにおいては、個々の対応に必要な専門的な知識と技術が求められます。まずは、日常の業務で使う車いすの操作方法、歩行器の適切な使用方法、ベッド操作、リネン類の扱い方等介護技術に関する基礎的な知識が必要です。それぞれの現場によって使用される備品類も異なりますので、それに応じて求められる技術や知識が必要になります。

B　介護業務に関する共通の知識と技術を理解している

　種々の実践記録の書き方や引き継ぎの方法、業務を通した職員連携の仕方等です。また食事の準備や片付け、ハウスキーピング（清掃や換気、環境整備等）、ベッドメイキングの方法等の直接利用に関する環境面の知識や技術も同様です。その他、事業所ごとで求められる日常のアクティ

ビティ（レクレーションや行事、趣味活動、体操等）の方法も必要になります。ホームヘルプサービスの場合は、家事や地域生活等に関わる生活者としての一般的な知識や技術も求められます。

C　個別ケアに求められる基礎的な介護技術を習得する

在宅・施設サービスなど所属する介護サービス現場によって業務内容や求められる介護技術には若干違いがあると思います。

ここでは、そのように、「個別ケアにおける介護技術の習得状況」に関して新人が自己点検できるような項目の整理と個別ケアにおける基本的な介護技術のためのチェックリストとして使用できるように意図し整理しています。チェックリスト項目については、どのような介護事業所や施設でも共通するような基本的な事項のみ取り上げています。場合によって各自で職場実践に応じて追加するなどの必要があるかと思います。

●食事介助場面

（1）利用者に楽しんで食事を取ってもらうことを自覚できている。
（2）見守り・一部介助・全介助とそれぞれの人の介助の方法を理解できる。
（3）介助が必要な場合、配膳時の説明や意向の確認ができる。
（4）可能な限り利用者が自分で食事をしてもらうよう見守りができる。
（5）利用者の状況に応じて使いやすい食べやすい食器を配慮できる。
（6）こぼしやすい場合などにフォークやスプーンを効果的に使用することをできる。
（7）食べる順番など利用者の意向に応じて利用者のペースで口に運ぶことができる。
（8）多すぎず、少なすぎない適切な量を口に運ぶことができる。
（9）利用者にわかりやすくスプーンを見せながら口に運ぶことができ

Ⅱ　基礎技術力を確認する

る。
(10) 利用者の様子をみて飲み込んでいることを確認できる。
(11) 口の中に食べているものが残っているかどうか確認しながら介助できる。
(12) 利用者の意向として食べたいものを確認でき、食べる順番なども配慮できる。
(13) 介助の際に意向確認を行いながらやり取りできる。
(14) 会話を挟みながらゆっくりと楽しみながら食べてもらえるよう介助できる。
(15) 利用者の食生活の習慣などを理解し、その人なりの食文化を尊重できる。
(16) 誤嚥しないようにやや前傾姿勢を取るなど食事する際の姿勢に配慮できる。
(17) 咀嚼・嚥下機能等に応じた食事形態を理解することができる。
(18) 疾病や障害に応じた食事形態を理解することができる。
(19) 調理の仕方や盛りつけの大切さを理解できる。
(20) 本人が自分の力を活用し食事できるよう道具の工夫の必要性を理解できる。
(21) 食卓が明るく清潔感が感じられる環境を配慮することが大切であることが理解できている。
(22) 片麻痺や筋力の低下した人の場合、食器が滑らないような配慮が必要であることを理解できている。
(23) 食べこぼしのためのエプロンなどの配慮ができる。
(24) 口腔内での食べ物が付着しやすいものやむせやすい食物があることを理解できている。
(25) 口腔ケア・義歯の清掃の大切さを理解している。

●入浴介助場面

（1）事前に体調や気分を確認することができる。
（2）事前に排泄を済ませてもらう配慮ができる。
（3）利用者の疲労を配慮し手早い入浴の対応ができる。
（4）着脱介助の際には、羞恥心に配慮して行うことができる。
（5）満腹時や空腹時の入浴は避けることを理解できている。
（6）お湯の温度の確認が適切にできる。
（7）洗体・洗髪介助の際に利用者の意向を確認し強弱など配慮できる。
（8）整髪の際、ドライヤーの熱さや髪型など意向に添った配慮ができる。
（9）浴室と脱衣場の温度差に注意し配慮できる。
（10）浴室や脱衣場の床の石けんや濡れた滑りやすい状況に気づくことができる。
（11）介護職と連携し体調に応じた入浴時間の配慮を行うことができる。
（12）羞恥心に配慮した素早い身体観察ができる。
（13）入浴や清拭を拒否する人に事情を確認し時間をずらすなど配慮できる。
（14）身体状態に配慮し、補助具や備品を活用し安全な入浴を支援できる。
（15）洗体・洗髪介助の際、認知の障害に配慮し適切な配慮が行える。
（16）入浴時のめまい等の体調変化に対して看護職と連携し適切な対応ができる。
（17）体調に配慮が必要な利用者に手浴や足浴の適切な介助ができる。
（18）体調に配慮が必要な利用者に部分清拭・全身清拭の適切な介助ができる。
（19）浴室では、車いすの利用者のチェアー浴への移乗など同僚と連携し適切な介助ができる。
（20）チェアー浴・機械浴などの操作を適切に行うことができる。
（21）看護職と連携し、個別浴槽の利用者への適切な介助が行える。

(22) 身体の状態に応じた、着脱の場所などの配慮ができる。

(23) 片麻痺などの障害に応じた適切な着脱更衣の介助ができる。

●排泄介助場面

（1） 排泄介助の際、羞恥心に配慮し人の目に触れない等の対応ができる。

（2） 介助の際、臭いなども考え素早く無駄のない対応ができる。

（3） 排泄物や身体等の観察を羞恥心に配慮して素早く行えることができる。

（4） 急がせずリラックスした気持ちで排泄できるよう対応ができる。

（5） おむつの使用は最後の手段であり、心身の健康に多大な悪影響を与える可能性があることを理解できている。

（6） 自立されている人でも排泄時に慌てたり焦っている状況があり、身体動作の危険性があることを理解している。

（7） 排泄の自立ができない状況が社会的・心理的活動の低下に繋がりやすいことを理解している。

（8） 利用者のためらいを理解し、入浴前・食事前の声かけを行うことができる。

（9） 心のストレスと心因性頻尿や尿意過敏など排泄障害の関係性を理解している。

（10） 排泄介助におけるおむつ交換、清拭後の着衣介助、排泄物の後始末までの対応が行える。

（11） 利用者の生活リズムや習慣との関係から排泄状況を理解して対応できる。

（12） 便器や尿器を使用している人の適切な対応ができる。

（13） 環境の変化による排泄行為への影響を理解している。

（14） 排泄状況が病気や服薬の影響があることを理解している。

（15） 排泄状況と食事や水分摂取状況との関係を理解できている。

（16）かかとを少し上げ、前屈姿勢を取るなど、排便姿勢が重要であるのを理解し対応できる。
（17）要介護の状態に応じて、毎日の定期的な排泄習慣のための腹部マッサージ等の対応ができる。
（18）看護職と連携し下痢など体調の変化に応じた排泄の介助を行うことができる。
（19）認知の障害のある利用者に対して排泄誘導などを適切に行うことができる。
（20）腹圧性・切迫性・溢流性失禁それぞれの状態理解ができる。
（21）利用者に応じた排泄の回数や量などを把握し観察することができる。
（22）身体機能に応じた適切な協力動作の声かけを行い必要最小限の介助を行うことができる。

●体位・移動介助場面

（1）ボディメカニズムの理解と体位・移動介助との関係を理解できている。
（2）介助の場面ごとで適切な説明や声がけができる。
（3）利用者の生活上での意欲につながる移動支援の大切さを理解できている。
（4）利用者の身体機能の維持・向上につながる移動支援の大切さを理解できている。
（5）身体の状態に配慮し、安楽な姿勢を確保できている。
（6）身体の状態に配慮し必要な補助具・物品を用意し良肢位を確保できる。
（7）利用者に必要な保持姿勢を理解し、ベッド等の調整ができる。
（8）褥瘡予防と体位変換との関係を理解できている。
（9）利用者に応じた定期的な体位変換を行うことができる。

Ⅱ 基礎技術力を確認する

(10) ベッド上で身体状態に応じた移動介助を行うことができる。
(11) 身体マヒや関節可動域などの身体状態に応じた車いすとベッドとの移乗介助ができる。
　　（詳細・自己課題→　　　　　　　　　　　　　　　　　　）
(12) 身体マヒや関節可動域などの身体状態に応じた車いすとトイレでの移乗介助ができる。
　　（詳細・自己課題→　　　　　　　　　　　　　　　　　　）
(13) 身体マヒや関節可動域などの身体状態に応じた車いすと浴室での移乗介助ができる。
　　（詳細・自己課題→　　　　　　　　　　　　　　　　　　）
(14) 身体マヒや関節可動域などの身体状態に応じた車いすでの移動介助ができる。
　　（詳細・自己課題→　　　　　　　　　　　　　　　　　　）
(15) 利用者の身体状態に応じた歩行介助を行うことができる。
　　（詳細・自己課題→　　　　　　　　　　　　　　　　　　）
(16) 利用者の視覚障害に配慮した歩行介助ができる。
(17) 移動に使用される種々の杖や歩行器などの適切な点検や使用方法を理解できている。

●送迎介助場面

（1）送迎の順路や時間の確認ができる。
（2）送迎時に家族との適切なコミュニケーションを図ることができる。
（3）送迎時に必要な連絡事項を確認することができる。
（4）身体の状態に応じた適切な移乗介助が行える。
（5）車いすでの乗降の際、保持器具等の適正な使用ができる。
（6）リフト付き車両の際、適正な操作ができ安心して乗降できる介助が行える。

（7）迎えの際に、体調の変化や身体の状態などを確認できる。
（8）約束の時間への配慮や必要な連絡が適切に行える。
（9）運転の際は、道の揺れや乗車状況に配慮した安全運転ができる。
（10）狭い路地や車の移動などの際に同乗者間で協力し誘導するなど配慮できる。
（11）雨よけなど天候に応じた、玄関先での適切な対応ができる。
（12）乗車の際の衣類や持ち物などを確認し降車の際に忘れ物がないよう配慮することができる。

●家事援助場面

（1）訪問時間を守り、訪問できる。
（2）利用者や家族に挨拶を適切に行い対応できる。
（3）服装を整え、適切な態度で訪問できる。
（4）持参した荷物の置き場所を確認できる。
（5）事前に介護内容の説明ができる。
（6）本人や家族から対応に関する意向を確認できる。
（7）利用者の培ってきた生活方法を理解している。
（8）食生活に関する考え方を確認できている。
（9）利用者の近況など差し障りのない会話が行える。
（10）利用者に身体変化があった場合、それを確認できる。
（11）介護内容を適切に引き継ぎ記録することができる。
（12）必要に応じてケアマネ等他の専門職に連絡すべきことを把握できている。
（13）対応後の本人や家族への連絡や次回の意向を確認できる。
（14）帰りの挨拶を終え、自分の荷物を確認し適切な対応ができる。

Ⅱ 基礎技術力を確認する

●その他の介助場面

（1）整容が利用者の生活意欲を左右する重要な支援であることを理解できている。
（2）整容介護において、利用者の好みやセンスを考えて、利用者の意向を確認できる。
（3）整容の自覚を促すさりげない観察や配慮を行うことができる。
（4）整容介助の際の座位や姿勢に配慮することができる。
（5）爪切りの際、身体の麻痺の状態などに配慮した部分介助ができる。
（6）爪切り介助では、爪や皮膚に異常がある状態を確認して看護職に連絡することができる。
（7）爪切り介助の際、巻き爪や爪肥厚などに注意し介助できる。
（8）全介助の場合、整容時に適切な声かけを通して対応できる。
（9）全介助の場合、整容時に適切な姿勢を調整し対応できる。
（10）全介助の場合、整容時に鏡を使う等、視覚的な確認とやりとりができる。
（11）車いすでの洗面時に利用者の崩れやすい姿勢を配慮できる。
（12）ベッドサイドで端座位になり洗面する場合、テーブルなど必要なものを準備し、適切に介助できる。
（13）全介助の場合、洗面介助内容を説明し、同意をえることができる。
（14）全介助の場合、姿勢の調節を行い、洗面に必要なものを準備することができる。
（15）全介助の場合、顔の適切な拭き方を理解し介助できる。
（16）全介助の場合、ひげそり介助内容の説明を行い、同意を得ることができる。
（17）全介助の場合、ひげそり介助の際、皮膚を傷つけないよう安全に介助できる。
（18）口腔ケアでは、個別計画を確認し対応できる。

(19) 口腔ケアでは、体調を確認し、事前説明を行い同意を得ることができる。
(20) 口腔ケアでは、利用者の自立度や身体の状態に応じた一部介助ができる。
(21) 口腔ケアでは、利用者の姿勢を配慮することができる。
(22) 全介助の場合、歯ブラシのあて方など適切に対応できる
(23) 全介助の場合、スポンジブラシを使い口腔粘膜と口腔マッサージを行うことができる。
(24) 全介助の場合、義歯の装着及び清掃を適切に介助することができる。
(25) 全介助の場合、安全と安楽を考慮し、姿勢を調整配慮することができる。

【引用・参考文献】
介護福祉士養成講座編集委員会編　新介護福祉士養成講座「生活支援技術Ⅱ第2版」中央法規出版 2009
橋本正明監修至誠ホーム編『すぐ使える新任介護職員指導・育成マニュアル～チューター制度虎の巻　改定版』筒井書房 2013
滝波順子、田中義行著『介助が困難な人への介護技術』中央法規出版 2014
黒澤貞夫、石橋真二、上原千寿子、白井孝子編集「第4巻　こころとからだのしくみ」
『介護職員等実務者研修テキスト』中央法規出版 2012

関連事項

これまでの介護保険法の改正動向（概要）

2000（平成12）年4月介護保険法施行

2005（平成17）年改正（平成18年4月施行）
- 介護予防を重視する取り組みを推進する。要支援者への給付を介護予防給付に移行している。高齢者の相談窓口として「地域包括支援センター」を新設し、介護予防のケアマネジメント、高齢者虐待、その他種々の相談の受付窓口が新設されている。
介護予防事業、包括的支援事業などの地域支援事業を実施する。
- 施設給付の見直しが図られている。食費・居住費が保険給付の対象外に変更された。所得の低い方への補足給付を行う。
- 地域密着サービスが創設されている。介護サービス情報の公表、負担能力をきめ細かく反映した第1号保険料の設定などを実施されている。

2008（平成20）年改正（平成21年5月施行）
- 介護サービス事業者の法令遵守等の業務管理体制の整備が義務づけられた。
- 休止・廃止の事前届出制の実施が行われ、休止・廃止時における利用者に対する継続的なサービス提供のための便宜提供が義務づけられた。

2011（平成23）年改正（平成24年4月施行）
- 地域包括ケアの実現に向けた取り組みを推進する。
24時間対応の定期巡回・随時対応サービスや複合型サービスが創設された。介護予防・日常生活支援総合事業が創設された。介護療養病床の廃止期の猶予（期間指定なし）が行われた。
- 専門研修を受けるなど一定要件を満たす介護職員によるたんの吸引等の実施を可能とする。
有料老人ホーム等における前払金の返還に関する利用者保護規定を追加する。認知症対応など市町村における高齢者の権利擁護の推進を図る。
- 介護保険事業計画と医療サービス、住まいに関する計画との調和を確保する。地域密着型サービスの公募・選考による指定を可能にする。各都道府県の財政安定化基金を取り崩し、介護保険料の軽減等に活用する。

2015（平成27）年改正（平成27年4月施行）
- 平成27年改正については、以下の目的によるビジョンが示された。
地域における医療・介護の総合的な確保を図るための改革～

住み慣れた地域での継続的な生活を可能にするために、高度急性期から在宅医療・介護までの一連のサービスを地域において総合的に確保する。そのために効率的で質の高い医療提供体制の構築を目指す都道府県の医療計画と、地域包括ケア計画としての市町村の介護保険事業計画を、一体的で強い整合性をもったものとして策定する。また、消費税増税分を財源に、医療と介護を対象とする新しい財政支援制度としての基金を都道府県に設置する。

- 介護予防サービスのうち、介護予防訪問介護と介護予防通所介護を介護予防・日常生活支援総合事業に移行し、2017（平成29）年度までにすべての市町村で実施する。
- 定員が一定数以下（18名以下）の小規模通所介護を地域密着型通所介護とする。
- 一定以上の所得を有する第1号被保険者の利用者負担を2割とする。
- サービス付き高齢者向け住宅を住所地特例の対象とする。
- 特定入所者介護サービス費等の支給（補足給付）要件について、所得のほかに資産の状況も斟酌することとする。
- 市町村は低所得者の第1号保険料の軽減を行い、国がその費用の2分の1、都道府県が4分の1を負担する。
- 地域支援事業の包括的支援事業に医療と介護の連携事業、認知症への総合的な支援事業等を追加する。
- 市町村は介護支援専門員、保健医療及び福祉に関する専門職等の関係者により構成される地域ケア会議を設置し、適切な支援の検討を行うよう努める。

その他の関連する法改正等
- 地域における医療及び介護の総合的な確保を推進するための関係法律の整備等に関する法律（医療介護総合確保推進法）の制定～介護保険法、医療法19の法律を一括して改正するものとして2014（平成26）年6月18日に可決成立している。介護保険法の平成26年度改正の主眼となるビジョンと改正内容との連携がもたれている。

第5章

介護技術に関係する留意点

1．医療的ケアとの関わり

　介護の現場では、常に看護職と連携を図り仕事を行います。医療的な行為は看護職の対応となりますが、介護職員として医療的ケアに関わりをもつ状況も少なからずあります。

　平成24年4月介護保険改定で介護職員等による喀痰吸引等の実施が認められるようになりました。これにより、都道府県等の研修を修了した職員（認定特定行為業務従事者）が、医療機関との連携の元で適切かつ安全な体制の中での実施が行われる事業所において実施できるようになりました。

　新人職員が介護職員として、直接、医療的ケアを行わなくても、医療的ケアを受けている人への個別ケアを通して理解しておかなければならない知識もあります。なぜなら、医療的ケアが必要な心身の状況に配慮した介助を行わなければならないからです。医療的なケアを受け状態が

安定している人の場合、在宅で生活しながらホームヘルプやデイサービスの様々な在宅サービスを利用しています。

　それぞれの医療的ケアを受けている人の介護業務を通して留意しなければならないことは、個別事情に応じて看護職員と情報交換しながら進めていくことになります。特に入浴ケアや排泄ケア等の際には介助の際もよく確認して臨むことが求められます。また、看護職員が不在の時に異変が起こった際の対応についても職員間で共有している対応方法をよく確認しておく方が良いでしょう。

　たとえば、尿道・胃ろうカテーテルが抜けてしまった、ストーマ（人工肛門）周囲の皮膚状態に変性がみられる。在宅酸素療法を受けている人が体を動かす状態によって負荷がかかり過ぎて呼吸困難の状態になってしまう危険性等です。尿道留置カテーテルの場合などは、特に常時移動等の際に留意しながらの介助が求められます。

　たとえば、接続している蓄尿袋まで長いチューブがありますので、ベッドから車いすへの移乗介助の際に蓄尿袋とチューブの長さや置き場所を確認しておかなければ、体の移動に合わせてチューブが届かない状態になり抜けてしまう危険性もあります。また、お尻の下にチューブを敷いてしまう、介助者の体が邪魔をして抜けてしまう等の事故にもなりかねませんので留意して行います。また、昇降タイプの特殊浴槽での入浴の際にも同様にチューブが昇降台に引っかかったまま起動してしまうと事故に繋がりますので、注意が必要です。

　酸素療法を行っている利用者の場合も同様です。肺の機能に障害をもつ本人の介助面での配慮とともに付随する機器等の扱いにも注意が必要になります。特に入浴介助などの場合、鼻カニュラのチューブを長く伸ばした状態で使用する場合が多いので、特殊浴槽用の椅子に移乗する際や浴槽本体への移動の際にもチューブが機器に引っかからないよう注意が必要です。また、移動用の酸素ボンベを送迎車両に同乗する場合などは、乗車中にボンベが倒れたりする場合も考慮し置き場所に注意が必要です。

【導尿】

　導尿とは、カテーテルを尿道の中に挿入して人工的に排尿させることです。

　導尿カテーテルは外尿道口から尿道を通してカテーテルを膀胱内へ挿入することによって行われています。

※ Overactive Bladder(orb.jp) 参照

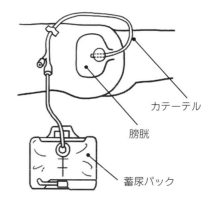

カテーテル
膀胱
蓄尿パック

【胃ろう】

　「胃ろう」は、口からではなく、胃に直接水分や栄養を送り込むための孔が造設されています。一般に水分や栄養を送り込むための器具（カテーテル）も含めて「胃ろう」と呼ばれています。カテーテル等は定期的に交換しなければなりません。胃ろうカテーテルには、胃の内部で支える内部ストッパーがバルーン型 とバンパー型、外部で支える外部ストッパーがボタン型とチューブ型の違いがあります。

※ NPO法人PEGドクターズネットワーク（WWW.peg.or.jp）参照

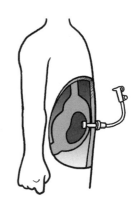

【人工肛門】

　人工肛門（ストーマ）とは、腸の一部をお腹の壁を通して外（皮膚）に出して、肛門に代わって便の出口としたものです。人工肛門は、小腸（回腸）に作る場合と、結腸に作る場合があり、その形によって、単孔式（終末式）と双孔式（ループ式）の2種類があります。

　人工肛門を設置した人は、自分の意思で排便をコントロールできません。腹部の便の出口にパウチと呼ばれる袋を取り付けて便をとり、一定時間ごとにパウチを交換します。

※大腸がんを生きるガイド（medical.nikkeibp.co.jp) 参照

【在宅酸素療法】　自宅で使用する酸素供給装置には、酸素濃縮器と液体酸素の2種類があります。酸素濃縮器は空気の成分の約80％を占める窒素を吸着し、酸素濃度90％以上の空気をつくり出す装置です。酸素療法をおこなっている患者さんの約90％が酸素濃縮器を使用しています。酸素濃縮器を使用する場合、外出時には別途小型の携帯用酸素ボンベを使用します。

鼻カニュラは鼻から酸素を吸入する器具のことです。装着が簡便で圧迫感や閉塞感がなく、酸素吸入をしながら食事や会話ができます。

※独立行政法人：環境再生保全機構ＨＰ（www.erca.go.jp）参照

2．福祉用具との関わり

　介護の現場では、具体的な介助場面において様々な福祉用具を用いることになります。個別ケアの関わりにおける介護技術の適応は、福祉用具を使用する利用者への適切な関わりでもあり、福祉用具の使用を適切に行う行為自体が介護技術でもあります。

　入所施設やデイサービスなどで利用者の使用する福祉用具についての基本的な操作や適切な対応については、個別ケアに必要な具体的な方法として理解しなければなりません。

　新人は介護技術と同様に個別に適応方法を学ばなければなりません。

車いすの使用でも、一人ひとりの身体的な状態に応じて、必要なクッションの使用や姿勢保持の介助なども異なります。近年は車いすの種類も、利用者一人ひとりの身体的な状態に応じて選べるようになってきました。足の位置を左右別々に固定したり位置を調節できますし、上体と下体の角度や姿勢を保持したまま体全体の向きを調節できるものもあります。

　種類が豊富になったことは、利用者にとって喜ぶべきことですが、使用方法もより細分化していますので、介護職員が不注意にレバーの操作を間違えると、一時的に無理な姿勢になり迷惑をかけてしまう場合もあり得ます。

　介護保険制度の貸与適応になる基本的な福祉用具に関しては、所属する事業所や施設において使用頻度が高いものがありますので、介護の方法に不随する形で理解をしておきましょう。

　ここでは、それらの基本的な操作等には触れず、個別ケアにおける介護技術の習得に際して、福祉用具の使用に留意する視点に留めます。

介護保険制度の適応となる　　福祉用具貸与の対象種目

- 車いす
- 車いす付属品（車いすと一体的に使用されるもの）
- 歩行器
- 歩行補助杖
- 特殊寝台（介護ベッド）
- 特殊寝台付属品（特殊寝台と一体的に使用されるものに限る）
- 床ずれ防止用具（全身用マット）
- 体位変換器（空気パット等）
- 手すり
- スロープ
- 移動用リフト（吊り具の部分を除く）
- 認知症老人徘徊感知器
- 自動排泄処理装置

II 基礎技術力を確認する

　車いすに関しては、日頃の介護において頻繁に関わりを持ちます。車いすの介助中に特に留意しておかなければならないのは、利用者の手の位置の確認です。新人の場合は、常に手の位置に気を止めながら介助するほうがよいでしょう。何気なく手を肘掛けから下ろしてしまう場合も往々にしてあります。車輪に指を巻き込まれてしまうと大けがにつながる危険性があります。手指以外にも衣類が書き込まれる場合もあります。

　その他、フットサポート（足置き）を上に上げたまま、足が引きずる状態で動かしてしまうような不注意も起こり得ます。その他、姿勢への配慮や移乗時の車いすの位置など気をつけなければならないことは他にもありますが、個別ケアの介助方法として利用者個々の身体的マヒの状態などの配慮として理解を図っていく方が良いでしょう。

　また、デイサービスやショートステイなどでは、送迎時の送迎車両に利用者が乗降する際についても留意が必要です。

　たとえば車の車種によって、そのリフトの使用方法が異なります。一台用の軽車両もありますし、２台乗車できるワゴンタイプなどメーカー、車種も多様になってきました。ロープ状で牽引するリフトもあれば、車いす全体をアームで牽引するものなど様々です。乗車後に車いすを固定する器具や操作スイッチの場所なども様々です。使用する車両に関しては、車いす利用者の乗降介助に付随するそれらの操作にも慣れておく必要があります。

　車の乗降介助には、それらの車両操作も含み、操作しなければならない点が多くありますので、基本となる車いすの手動ブレーキのかけ忘れなどにならないよう再度の点検チェックなども心がけておいたほうが良いでしょう。シートベルトの装着忘れも同様ですし、車いす固定装置も車いすのどこに金具を装着すべきかも判断が必要です。不自然な箇所に留め金をかけると途中で外れてしまう場合もあります。また車いすの大きさや種類などによってもそのような判断が必要となります。

　デイサービスの場合、多くの利用者は杖を使われています。Ｔ字型が

多いと思いますが、杖にも種類があります。ステッキ型、L字型、多脚杖（地面に付くところが四点支柱になっている）、ロフストランド・クラッチ（上部の輪に腕を通し、下は握るグリップが付いています）、ノルディック杖（ウオーキング用の両手杖）など様々です。何故、そのような杖を使用しているのか。どのような身体的な状態が関係しているのかを合わせて理解すると良いでしょう。

　歩行器も同様です。持ち上げ型（ピックアップ）、前輪歩行器、四輪歩行器、Ｕ字歩行器、歩行補助車（シルバーカー）などの種類があります。たいていは、自宅でも兼用している場合が多いので、送迎車に同乗して持参されています。歩行器の場合、特に身体的な機能の低下補助や機能維持を目的に使用しています。ゆえにどのような身体的な状態が背景にあるのか、もしくは、見守りや支援はどの程度必要であるのかというように介助の方法と共に歩行器との関わりが求められます。

車いす

【標準型】

　自走式と介助式に分かれます。

　自走式は、タイヤの外側に手で動かすためのハンドリムが付いたものです。リーズナブルですが、肘掛けが上下に調節できないものもあり、ベッドへの移乗の際に使いづらい場合もあります。

　ブレーキは、自操できるように両側面についています。折りたたみができるので車などに収納しやすいのが特徴です。介助式は、たいてい小回りが利くようにタイヤが自走式より小さ目のものが多くなっています。

　やはり肘掛けの調節ができないものもあります。軽量で持ち運びしやすいのが特徴です。

第5章 介護技術に関係する留意点

II 基礎技術力を確認する

【モジュール型】
　個人の体のサイズや身体状態に合わせることができます。また、身体状況に応じて、座面の高さ、背の角度等の調節が可能なタイプです。また身体状況の変化に従ってある程度の調整ができるタイプのものです。

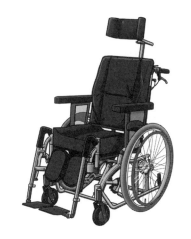

【リクライニング・ティルト型】
　体のバランスが悪く座位姿勢を保持できない方や、褥瘡（床ずれ）がある場合などに、姿勢を変え積極的に体圧の分散を行いたい人のためのものです。リクライニングタイプは、背シート部分がリクライニング（後方に倒せること）でき、姿勢を調節できるもの。座面がずれて滑らないように配慮が必要です。ティルトタイプは、座面と背の角度が同じ状態でティルト（傾かせる）できるものです。リクライニング操作とは、レバーが異なる場合など、慣れておく必要があります。

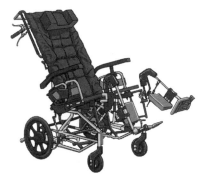

【電動型】
　肘掛けの先に操作用のスティックが付いている自走式のものと介助専用の介助式があります。電動自転車のような駆動ユニットを設置できるようなものもあります。

83

杖

【T字杖】

もっとも普及しているタイプの杖です。全体の形からT字杖と呼ばれています。銘木と呼ばれる希少木材を用いた高級品の場合もあります。人により長さを調節できるものや携帯用に折りたためるもの、杖の先に滑り止めのゴム当てが着いたものなどもあります。

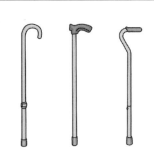

【ロフストランドクラッチ杖】

前腕固定型杖といい、体重を支えるためのグリップと前腕を支えるカフ(腕を固定する輪のような装具)を備えた杖です。握りと前腕の2点で支え、腕の力も使えますので、体重も分散しやすく握力の弱い方や、手首に力が入りにくい方に適している杖です。

【多脚型杖(多点型杖)】

一本杖では安定しない人のためにつくられた多点杖です。下が3点や5点のものもあります。着地面積が広くなっているので、安定度は高くなります。体重をかけても倒れにくく、また、比較的軽い素材のものもあるので、腕の力が弱い人でも使えます。

歩行器

【4点歩行器（ピックアップ）】

脚部にキャスターがついているものとないものがあります。また、左右が交互に動かせるものもあります。キャスターがないものは、押して歩くのではなく、一歩ずつ持ち上げて前に運ぶ歩行器です。そのため、歩行効率はあまり良くありませんが、4脚で身体をしっかり支えながら使える歩行器です。片方ずつ左右交互に動き、移動するものもあります。

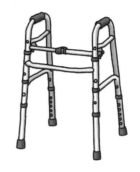

【U字型歩行器】

歩く際に肘から前腕をU字部分に乗せながら移動することができます。歩行を助けてくれる度合いが高いものですが、全体が大きく重いので、一般的に家庭内ではなく、施設などで多く使われています。構造上、段差に弱いので、使う場所が限られます。

【フレーム型歩行器】

キャスターが大きく自在に動くものなどもありますので、屋外でも使えます。U字歩行器同様に前腕をU字部分に乗せながら移動することができます。疲れた際など、場合によってシルバーカーのように着座できるものもあります。
高齢者の体型に合わせたサイズのものを選ぶ必要があります。

【歩行補助車（シルバーカー）】

　歩行を機能的に補助する歩行器とは異なりますが、気軽に利用できるため多く普及しています。また、種類も豊富で、屋内外で利用できるサイズものもあります。両手の幅は肩よりも狭くなり、歩行車全体が体に対して大きく前方に押されることになるので、前後バランスをとるのに都合がよく、少し腰が曲がった方でも使えます。

【引用・参考文献】
前澤由紀子・高橋真裕・川崎千鶴子「これで安心！医療的ニーズの高い人へのケア」『おはよう21』pp11-27 中央法規出版 2014
浜田きよ子・寺田和代著『福祉用具で変わる介護のある暮らし - 人がすること、道具だからできること』中央法規出版 2013

III 人として向き合うために

第6章

気がねなく
話ができるように

1．言葉づかいの基本は伺うこと ― 関係性の基本姿勢

　介護の仕事は、基本的に人間相手の接客業ですので、利用者に対しての言葉遣いや態度がまず問われることになります。他の職業に就いて社会経験を積んだ人の場合は、基本的なことに触れる必要がないかもしれません。しかし慣れていない人は、基本的な社会人のマナー本などを使って繰り返し友人間や家族間などで挨拶や言葉遣い、礼儀作法などを擬似的に練習するのも良いでしょう。

　また、先輩の言葉遣いの適切な人の表現をこっそり手帳にメモしておいて人知れず練習するものよいかもしれません。言葉遣いを気にするばかりに声をかけられなかったり、自然な話しかけが出来なくなってしまうのであれば余計に苦手意識が強くなってしまいます。言葉遣いを気にしすぎ何も話せなくなるより正しい言葉遣いが身につくまでは、多少たどたどしい表現になって、高齢者の方に胸を借りるぐらいの気持ちでも

良いのかもしれません。

　認知症の症状が進んだ方に紋切り型の堅苦しい表現で話しかけても逆に話が伝わらないような場合もあります。

　介護の場面において、まず基本的に自覚しておかなければならない失礼な表現には、相手の行動を指示するような表現があります。「何でも食べなきゃだめだよ」「トイレに行っといてよ」「〜した方が良いよ」「〜してください」などです。

> 基本に心がけておかなければならない適切な表現方法は、
> 常に意向を「伺う」表現を使用するということです。

　「お口に合いませんか？」「何か味付けに不具合があるでしょうか？」「トイレはどうされますか？」「湯加減はいかがですか？」「まだゆっくり暖まっていないようですが、よろしいですか？」

　その地域の方言を使った方が安心できる話しやすい関係の場合もあります。認知症の人の場合や高次脳機能障害などによって言葉の理解に配慮が必要な時は相手にわかりやすい表現や言葉を使わなければなりません。認知症の人の場合、介護の関わりを通した話しかけの方法やどのような伝え方が適切であるのかは新人担当者や上司に確認しながら表現し関わりをもった方が良いでしょう。なぜなら個別ケアの関わりは、身体介護においても適切な表現や言葉を用い双方向の意思疎通を図ることで成り立つからです。

　また聴覚や視力の衰えや障害、脳梗塞や脳卒中などの後遺症による脳機能の障害など言語性（または非言語性）のコミュニケーションにも個別ケアの方法として様々な配慮が求められます。

　新人の場合、新たに個々の利用者との関係づくりを始めなければなりません。デイサービスなどでは、登録者数にもよりますが、その日の利用メンバーが変わりますので、常時信頼感のある関係をつくりながら個

別ケアを実践しなければなりません。

> 新人は、個別ケアのために利用者の理解を図ることは
> 当然重要ですが、新たな関係づくりの際には、まず
> 「自分」を理解してもらうことも重要です。

　利用者の方も新人職員がどのような人なのかは当然知りたいことですから、自分自身をよく認知してもらうことも心がけなければなりません。
　認知症の人などは、特に時間をかけて自分を知ってもらうことが重要になります。新参者の自分を理解してもらい安心した関わりをもたせてもらえるように関係形成に努めるしかありません。そのためにもわかりやすく「自分」の人間性や個性を積極的にアピールできる場面を有効に活かすべきでしょう。こちらが提供した話題を通して利用者から話しかけやすくもなります。はじめは、なかなかゆっくりと利用者と話をする時間をもてないかもしれません。利用者は、遠慮しがちだったり、甲斐甲斐しく動き回っている新人職員を呼び止めて話をすることに気がねしている場合もあります。
　状況に応じて利用者と話をすることは、重要なことですが、人によっては、長く話をすると疲れてしまう人もいます。また、そのときの気分や体調などにもよるでしょうから、「話すことへの意向」もそれとなく察した方が良いでしょう。

> 時事的な出来事や利用者の年代の人が馴染みやすい
> 「きっかけ話題」を気にとめておくと話をする際に役
> 立つかもしれません。

　きっかけの話題づくりのみならず、新聞の地方記事、ニュース、天気予報の情報などを通して世の中や地域の出来事などをわかりやすく伝え

ることも社会とのつながりを支援するためのサービスといえるかもしれません。

　特に時事的な出来事（社会的なニュース）などを、その時々で話題に挙げることは重要なサービスでもあります。自宅に居る人でもや施設に入居している人でも、ニュースや報道を自分で確認することができる人ばかりとは限りません。生活を支援する介護職員がそうした情報を利用者に伝える重要な役割を担っているという自覚も必要かもしれません。

　自然災害などの震災被害や農業被害等の情報なども、もしかすると本人や知人との関係があるかもしれません。本人が確認したくても被災ニュースを聞き取れない、タイムリーに報道番組を確認できないなどの状況があった場合、情報提供することは代弁行為と同じくらい重要な権利擁護活動とも言えるでしょう。

　また、消費税率が上がる、介護保険のサービスや報酬額が変わる、新種の高齢者詐欺事件が増えている等々、日常生活上で直接関わりの深いニュースや情報などは、家族や担当ケアマネジャーなど身近な人が知らせたりすると思いますが、利用者が必ずしもそれを理解できているとも限りません。日頃から本人の身辺に関わりの深い情報に関しては、繰り返し話題として取り上げる配慮もあって良いのではないでしょうか。

　また介護職員は、生活を支援する役割としてエンターテインメント性が求められる面もあります。アクティビティのサービスなどを通して楽しんで過ごしてもらうためにいろいろな形で演出する方法なども工夫が求められます。季節の行事や日頃の演芸的なパフォーマンスなどは頻繁に催されますので、身体的なパフォーマンス（歌や踊りなど）を身につけておくことも仕事に役立ちます。たとえば、お祭りの時期になると必ず、職員が利用者と一緒に踊ったりしますので、盆踊り程度は踊れるようにしておくことは、たしなみなのかもしれません。

2. 関係形成の基本は「見解の相違」に気づくこと

　個別ケアにおいて、個別の関係形成が基本となります。専門職としては、より積極的に援助関係を形成しなければなりません。

> **高齢者に限らず、他者との関係において考え方の「相異」は必ず存在します。**

　人と人との関わりは、この見解の相違とどう向き合いながら対応を行って行くのかが問われます。介護を通して、その都度、思いや気持ちを確認しながら対応を行うことが前提となりますが、はっきりとした意思を確認することに配慮が必要な場合も少なくありません。他者の生活の考え方やサービスへの意向など自分との価値観の違いをまず認識することが重要です。利用者の意向や価値観を理解した上で求められる介護サービスを提供しなければなりません。

　利用者との関係において、どのように考え方や価値観に相異があるのかを「確認する方法」も専門職として自覚しなければなりません。その上で、利用者との考え方や価値観の違いを尊重し、どのようなコミュニケーションや援助関係を形成しなければならないのか考えていく必要があります。このような見解の相違と向き合う方法についてここでは、2通りの方法を考えてみます。1つは、「相異」を少なくする、歩み寄る方法です。もう1つは、「相異」を共有しながら関係形成を図る方法です。

> **「見解の相違」を確認する方法**

① 利用者との考え方や価値観の違いを確認するためには会話などのコミュニケーションが前提となります。高齢者との会話において、心が

けておかなければいけないことを整理してみます。まず、一人ひとりの会話のテンポがあります。その人の「テンポ」、いわゆる会話における速度や言葉と言葉の間合いなども介護職員とは違いがあるはずです。その「テンポ」を確認しながら会話を進めます。

② 会話途中での「相づち」も重要です。介護職員が自分の話を聞いてくれているのかを相づちを通して確認することになります。話の内容に対する意味理解を通して自然な「相づち」でなければ相手に気持ちが伝わりません。

③ 表情や身振りなども会話の際には、言葉の表現と同様に相手に気持ちが伝わります。認知症の人の場合は、別の章でも触れたように顔の表情だけでも気持ちや関係性の暖かい「温度」が伝わります。そのように介護職員が自分の示す表情や身体表現なども日頃から意識しておく必要があります。対人援助の場合、一般的にテキストなどでは必ず介護職員が自分自身のことをよく知り理解する必要があると書かれています。

　これは、たとえば会話をする際の無意識の表情の表出や視線の置き方のくせなどにも言えることです。自分では意識していなかったけれど、相手と話をする際につい目線を外してしまい目を合わせないで話をしている。手を膝の上に固定しうなずくだけで会話している。なるべく話は手短に済ませてしまおうと思いながら会話している。話をする際に自分からばかり一方的に話をする習慣がついている。以上のようなことは、第三者が気づいていることでも本人は自然に会話できていると思い込んでいる場合が往々にしてあります。個別ケアにおける介護実践は、介護提供とコミュニケーションが必ず一緒になっていますので、より意識的に表情や態度などから伝わる関わりに注意を払う努力が必要です。

Ⅲ　人として向き合うために

しかし、利用者との会話だからといって大上段に構える必要はありません。介護職員の場合、生活相談員がアセスメントを行うときのようにいろいろな生活状況を確認する会話とは異なります。「生活場面面接」のところでも触れましたが、何気ない立ち話や関わりを通した「ながら会話」の状況も重要なコミュニケーションです。

　また、時には居室やテーブルを挟んでゆっくり話す機会もあります。このような時間を気にせず会話する際には、「傾聴」の方法などを用いて計画的に記録を整理するなど、支援に必要な情報を確認する重要な機会と受け止めることもできます。

「見解の相違」と向き合う方法

　次に利用者との考え方や価値観の違いと向き合う方法について考えてみます。ここで説明することは、単に介護サービスに対して介護職員の個人的な見解と利用者の考え方や価値観が異なるという意味ではありません。

　たとえば、一人暮らしの高齢者の生活状況が不衛生な状況にあり、健康上で支障があるといった場合を考えてみます。なぜその利用者がそのような不衛生な生活状況にあるのかを理解した上で、どうすれば本人の考え方に向き合い、いわゆる不衛生ではない状況に改善できるのかを検討します。まず、介護職員が、利用者の長年培ってきた生活の仕方や生活文化を尊重し、生活を継続でき、介護サービスを提供できるようにすることが支援の基本となります。ただし、前例のように利用者の不衛生な生活状況を放任する訳には行きません。利用者にとって健康状態に影響しますし、不利益になる状況です。認知症があり仮に気づかずにいる場合は、気づいてもらうように相談することになります。

　しかし、長年の生活スタイルの継続であり、特段健康上から問題なく過ごしてきたので、改善する意思はないという場合は、今後ありうる危

険性や適切な情報を提供し見守るなどの関係が必要になります。

　腎臓や高血圧の治療を受け健康上の理由があるにも関わらず、過剰な塩分摂取をしている人の場合、その人は3食以外に好物の漬け物とお茶などの間食を日に2度、3度続けているとします。その場合に、本人は体に気をつかっているし、主治医にも注意するように言われているけれど、自分の体なのだからかまわないと表現されています。

　このような場合も利用者の生活の仕方や考え方をよく理解することがまず重要になります。利用者なりの理由を理解し、よく聞いて確認します。その上で、その理由を整理して、管理者や上司に相談します。職員チームで状況を確認した上で、利用者の不利益になる場合は、改善に向けた対応を検討することになります。その上で、本人の気持ちや食生活、健康管理の考え方などを尊重し、その考え方にそった改善策を提案したり説得するなどの対応となります。

　このように、利用者の考え方や価値観との違いを確認する。あるいは、歩み寄る方向で関わりをもつ場合には、考え方や意向の真意や理由をよく確認した上で対応を行います。事情にもよりますが、新人が自分だけで判断できないことは、職員が知恵を出し合い検討を進めます。

「見解の相違」を共有しながら関係形成を図る方法

　次に利用者の考え方や価値観の違いを確認した上で、お互いの共通点を見つけ関係形成を図っていく対応について説明します。介護職員であっても、利用者に対して苦手意識をもってしまう。もしくは、相性が合わないと感じてしまう人がいるはずです。そのような場合に介護職員が無理に自分自身の気持ちを押し殺して取り繕うのであれば、心の通った介護サービスを提供することができません。なぜ、その利用者との相性が合わないと感じるのか、その理由や原因をよく考えることから始めます。

たとえば、利用者からの自分に対する口調に理由があるかもしれません。その場合、なぜ利用者が自分に対してそのような口調になるのか掘り下げてよく考えてみなければなりません。もしかすると介護職員としての自分自身の利用者に対する対応方法や接し方に理由があるかもしれません。

　一方で、利用者もあなたに関わりをもつ際に苦手意識のような感じをもっているかもしれません。介護者として、関係性について、自覚することができれば、対応の方法を改善することも可能でしょう。しかし、相手の方との相性などの場合は、中々短時間で改善することは難しいかもしれません。その場合、介護サービスを提供する上でどのように改善を図っていくことができるのでしょう。一つの方法として、お互いの共通点に注目し、新たに関係性を構築していく方法も考えることができます。会話の話題や趣味を活かしたアクティビティの活動を一緒に行うなどお互いの意識を変えることができる機会を増やして行くことも考えることができます。

　利用者との関係性に関しては、介護職員も当然、一人の人間として異なる個性をもち人柄にも違いが存在します。人間関係は、すべて双方向の関係で成り立っていますので、介護職員のもつ人間性を活かし、コミュニケーションを図ることも重要です。他者との見解の相違もしくは利用者との考え方や価値観の違いは、どのような相違であるのかをよく確認した上で、対応方法を個人又はチームで検討し改善しなければなりません。そして何より、介護職員としての自分自身の「個性」を大切にしながら公平な関係性を構築し介護サービスを提供して行くことが求められます。

3．関係形成と倫理的判断

　利用者との関わりにおいては、かならず事前の分かりやすい説明を行います。身体上の関わりにおいても、どのようなサービス提供においても、直前に本人にわかりやすく話をして理解していただくことが基本となります。そこでは個別の配慮も当然必要となります。

　言葉のみではなく、仕草や手ぶり、表情なども用いてわかりやすく伝えなければなりません。認知症の人の場合、その原因疾患の特徴をよく勉強し、アルツハイマー病やレビー小体病などその状態に応じた方法や表現を用いることが求められます。具体的には理解しやすい言葉を使う、認知機能において視覚優位な人であれば筆談で伝えることなどの方法が考えられます。このような対応は、倫理的な視点からは、介護職員の状況に応じた「説明責任」でもあると認識しておかなければなりません。

　利用者との日々の関わりにおいて、「伺う」対応が基本にありますので、その都度、意向を確認し、理解と共に明確な意思決定にそった対応が求められます。その際に、気持ちや意志の変化をどのように介護職員が認識できるのかということも重要です。

　たとえば、行事への参加やレクリエーションへの参加を促す際に、状況理解が難しく少し気後れしている利用者に対して、楽しみを丁寧に伝え少し強く勧めるような場合もあります。

　本人は、参加しなくてもよいと表現していても、意志に沿った対応をする場合もありますし、「一緒にやってみましょう」と少し背中を押すことで逆に楽しんでもらえるような場合もあります。表の表現とは別に本人の意思や意向の真意が隠れている場合もあります。遠慮していたり、気後れしていたり、認知症により状況理解が追い付いていない場合もあります。

　利用者との対応においては、常に介護職員の「自己決定を尊重する」ことを基本としますが、このように、本人の自己決定を「尊重」するとい

うことは、すべて表現することを鵜呑みにすることではなく、どのように「尊重」するのかが大切になります。このような場合、体調がすぐれないにもかかわらず、気乗りしないと曲解し、半ば強引に誘ってしまえば「尊重」した関わりではなくなってしまいます。

　認知症の高齢者が表現している妄想的な表現やその状況にそぐわない表現に対しても同様です。その表現されている意志に対して、どのように「尊重」した関わりを行うことが出来るのかが自己決定を尊重するということでもあります。このように認知症の人の例のように意思決定能力への適切な対応を心がけることは倫理的な視点からは「利用者の利益と権利」を擁護する関わりでもあります。

　個別ケアを通して、利用者を取り巻く様々な生活状況に関する個人情報を知ることになります。それらの情報は、利用者との関わりにおいて「秘密保持を約束した情報」でもあります。他の利用者を介護しているときや雑談の中であっても、別の利用者のプライバシー情報を話題にしないよう気をつけなければなりません。

　少し極端な例ですが、介護職員が、家中をリフトで移動できる利用者の家のことを自分の家族に会話してしまったとします。そのことを聞いていた介護職員の子どもが学校の同級生と興味本位にそのことを話題にしてしまいました。すると、その同級生が今度は自分の家族の会話でその話題を話し、何かの機会にその同級生の母親が他の近隣の母親と立ち話をしている際にその情報が伝播したりします。

　このように介護職員が個人情報を自覚していなければ、大義のない興味本位な世間話として個人情報が話題に挙がってしまう危険性もあります。どんな些細な個人情報であっても同様です。介護職員は自分の個人情報を守ってくれているという信頼関係が前提にあります。このように利用者の「個人情報に対する秘密を守る」ことは、大切な倫理的責任でもあります。

　利用者との関わりにおいて、性別、性的指向等の違いから派生する差

別やセクシャル・ハラスメント、または性的な虐待を行わない。これも大切な倫理的な責任です。また、介護職員が行わなくても、利用者が家族からこのような被害を受けている状況を知り得た場合に、速やかに上司や管理者に伝え、必要な対応が取れるようにすることが重要です。

声を上げられない被害者の代わりに権利を擁護し代弁するという「利用者の権利擁護」を行うことは、認知症の人などの場合は、日常生活上の支援に多く存在します。

2005（平成17）年に「高齢者虐待の防止、高齢者の養護者に対する支援等に関する法律」（以下、高齢者虐待防止法）が公布され、2006（平成18）年から施行されています。この法律では、身体的虐待、ネグレクト、心理的虐待、性的虐待、経済的虐待の5つの虐待行為について法律上規定されています。利用者が受けている虐待状況に対しては、地域包括支援センターを中心に地域の中でネットワークを作りチームで対応を行う仕組みになっています。上司に相談すると共に虐待対応に関係する地域の機関の仕組みや対応方法についても確認しておくほうが良いでしょう。

その他、介護職員が利用者の権利擁護の視点として確認しておいた方が良いこととして、認知症のある独り暮らしの高齢者などの場合に生活上での何らかの不都合が生じた際の支援方法が挙げられます。近年悪質な特殊詐欺が増えている現状を考えると、日頃から密接に関わりをもたせてもらう介護職員は適切な対応方法や救済のための情報を知っておいた方が良いでしょう。急場のクーリングオフ制度について情報提供したり、根本的な対応のために管理者に速やかに報告し迅速な対応に結びつけていくことが求められます。

また、認知症の人が、日常的な金銭管理や介護保険制度の手続き等を代行したり、定期的に訪問支援してもらえる日常生活自立支援事業（市区町村社会福祉協議会が委託にて実施）についても理解しておくと必要なときに情報提供することができます。また、より認知症が進行した人の場合は、民法の成年後見制度を利用し支援を受ける仕組みも存在しま

Ⅲ　人として向き合うために

す。利用者の権利を擁護することが大切な介護職員の倫理的な責任ですので、適切な情報伝達することなども重要な支援であることを理解しておくことが求められます。

　利用者との関わりにおいて、直接利用者からのサービスに対する意向や苦情に対しては、誠意をもって傾聴し、個人的に安易な判断せず、必ず主任や管理者に確認することが大切です。

　意向や苦情に関しては、内容によって対応が異なります。具体的な対応については、新人では判断できないことが多いでしょう。それらの意向や苦情に応じて職場のサービス内容を向上させることで対応できるものもあれば、職場のチーム全員で業務改善の再検討を行う場合もあります。また、苦情に関しては、速やかに適切な改善などの具体的な対応が求められますし、内容事案によっては、対外的（法律的な）もしくは組織的な対応（苦情解決制度）が必要な場合もあります。

　介護事業所が提供している介護サービスに対して、地域の中で利用者や家族の権利として、第三者機関を通して苦情や必要な対応を求めることができる苦情解決制度の仕組みもあります。新人自らがそのような仕組みがあることを利用者に情報提供できるよう理解しておく事も大切です。

> **学びを深める**

生活場面面接「変化に気づく」こと

　生活場面面接については、介護場面などでの短い面接、立ち話、ちょっとした「その場」での会話、電話などのコミュニケーション等「実践の場に即した面接」として福祉の実践において重要な援助技術であるという考え方があります。

　介護の現場では、直接の介護のやり取りの場面で、何気ない会話を通して利用者の状態や様子を確認するような対応が重要になります。心身の状態の変化にいち早く気づき、対応を行うことで予期せぬ転倒や不慮の事故を未然に防ぐことも可能です。歩行の様子がどうもいつもと違うことに気づき、看護職員やリハビリ職員に知らせたところ、自宅で前日の夜中に転倒していたことが分かったりします。本人は、家族に心配をかけたくないとか、それほど気にかけることではないと思い込んで口外していなかったということもよくあることです。周りの人が気づかぬままの場合、結果的に後々まで足の動きに影響をもたらし、予期せぬ転倒事故になりかねません。介護の現場でいつもの様子とは違うという状態に気づき、それとなく本人に確認したりできるやり取りがとても重要であると言えます。

　身体の状態だけではありません。精神的な状態や体調についても同様です。話をしていて、ずいぶん唇が乾いているなと気づき、水分補給の重要性に対応できることもそうです。何かアクティビティの活動に誘っても、腰が重く、話をしていると面倒な気後れするような表現を繰り返している場合などは、そこに「めまい」、「だいる」など様々な体調の変化が潜んでいることもあります。何気ない日常の生活場面において、「重要な情報を得られること」や「状態の変化に気づけるか」は、生活場面面接の重要性を認識できているかということにも繋がります。

　日常生活の様々な場面で、介護の実践を通して短時間の会話や立ち話を通したコミュニケーションを図る状況が多くあります。その状況を有効に活かすことで、サービスの質を向上する機会に繋げることができます。

【引用・参考文献】
久保紘章著『ソーシャルワーク～利用者へのまなざし～』相川書房 2004

第6章　気がねなく話ができるように

Ⅲ　人として向き合うために

第7章
一緒に楽しめる機会を
どのようにつくるのか

　アクティビティ・サービスという考え方があります。心身の活性化や生活の活性化を支援するということです。介護サービスが生活全般の支援でもあり生活状況への支援を通して楽しんでもらえるように働きかけることも重要な支援の視点です。その中には、様々なレクリエーション活動なども含まれるでしょう。

　介護職員が日頃の業務で関わりをもつ場面や状況について、もう少し視野を広げるとレクリエーションの範囲を超えたアクティビティ・サービスとして考えた方が良い活動の支援や提供もあります。

　たとえば、職員の接客方法を通してデイサービスの中でどのように快適に楽しい雰囲気で過ごしてもらえるかを考えることや季節感を醸し出す職員の服装や室内装飾などもそうでしょう。外出やお祭りの行事なども同様に考えることができます。

　ここでは、まず新人職員が入所施設やデイサービスなどで携わるレクリエーション活動の支援方法について基本的な姿勢や心得ておかなけれ

ばならない事柄について整理します。

　施設やデイサービスで行われる個別的・集団的レクリエーション活動を計画実施する上では、対象となる高齢者がそのレクリエーションを実際に行うことが可能であるのかを慎重に考慮することが重要です。

　計画立案をするときには、様々な高齢者の特性（身体的要因や知的要因、情緒的要因等々）に合わせ真に役に立つレクリエーション活動を設定しなければ、どんなに趣向を凝らした活動であっても職員の自己満足的な状況に陥ってしまう危険性があります。また、集団的レクレーション活動を計画実施する状況は職員チームのチームワーク力が試されますし、日頃の業務とは別の視点から職員同士の積極的な交流の機会として活かせる場でもあります。

1．計画するレクリエーションの適正さを考える　　（事前準備段階）

　レクリエーションを計画する際には基本的な参加するメンバーの特性を踏まえ確認しておかなければなりません。（財）日本レクリエーション協会が整理している４つの側面からの活動分析の方法が参考になりますので、ここで紹介します。

活動分析における４つの側面
（身体的側面・知的側面・情緒的側面・社会的側面）

【身体的側面】
① レクリエーション財を展開するのに必要な姿勢：うつ伏せ、立ち膝、座位、立位など。
② 必要とされる身体的部位：腕、手、膝、足、首、頭、上肢、下肢など。
③ その活動に対する動き：曲げる、延ばす、立つ、歩く、手を伸ばす、つか

む。握る、捕まえる、投げる、打つ、スキンシップをとる、飛ぶ、走る。
④ ②と③の協応性。
⑤ その活動に必要な五感の機能の頻度：視覚、聴覚、触覚、味覚、嗅覚。
⑥ その他の度合い：手と目の協応性、体力、スピード、耐久力、柔軟性、発声、声と動作の協応。
　レクリエーション財を実施するのにどのような身体活動・五感が必要となるかを考える。

【知的側面】
① ルールの複雑さや数、そして記憶力（短期記憶、長期記憶）がどの程度必要か。
② 作戦思考力がどの程度あるのか。
③ プログラムを通じての表現力がどの程度必要か。
④ どの程度の集中力・判断力・適応能力が必要か。
⑤ どの程度、読む、書く、計算するといった能力が必要か。
⑥ 複雑な記録ができるか。
⑦ 識別能力はあるか：フォーム、色、サイズ、体の部位、目的、種類、数等。
⑧ 具体的思考、抽象的思考がどの程度わかるか。
⑨ 非言語的コミュニケーションがどの程度図れるか。
⑩ 言葉を理解したり、コミュニケーションがとれるか。
⑪ どの程度、推理・予側かできるか。
⑫ 方向がわかるか：左右、上下、まわり、越える、くぐる、人から人へ、人から物へ、物から物へ。
⑬ 身体的側面との協応性はどの程度か：聴覚、視覚、触覚等により認識できる能力はどの程度か。
　レクリエーション財を実施するにあたり、どのような知的能力が必要となるかを考える。

【情緒的側面】
　活動をとおして、どのような感情を、どのくらいの頻度で、どのように表現するのか。
① 喜び：できてうれしい、楽しい、満足できる。
② 罪の意識：申し訳ない、悪い。
③ 苦痛：悩む、苦しい。

④ 怒り：腹立たしい、思うようにならないいらだち。
⑤ 恐れ：負けてしまうかもという心配、不安な様子。
⑥ 失敗：くじける、がっかりする、やりそこなう。
⑦ 拒否感：拒む、積極的にならない。
⑧ 自信：安定した様子。

　レクリエーション財を実施するにあたり、どのような感情が生まれるかを予測する。

【社会的側面】
① 内方的個人行動：自分一人で、いわゆるボーッとして、何もしない様子。
② 外方的個人行動：人との関わりはなく、自分と物を対象とした活動。
③ グループ内における外方的個人行動：何人かとは一緒にいるが、それぞれが別々な個人行動をしている。
④ 1対1の競争：自分と他人との1対1で競う。
⑤ グループ内における対1人の競争：グループのなかの1人と他のメンバーとの競争。
⑥ グループ内における多面競争：⑤のように特定な人との関係ではなく、メンバーそれぞれとの関わりがある。
⑦ 内方的グループ行動：グループで協力して一つの活動を行う。
⑧ グループ間競争：グループ対抗をする。

　レクリエーション財を実施するにあたり、どのような人間関係を必要とするのかを考える。このほか社会的側面においては、次のことについても分析することが必要である。
① 活動に必要なメンバー数。
② メンバー同士の距離感：密着するのか、間隔を取るのか。
③ コミュニケーションが図れるか（情緒的側面との協応）。
④ 協力か競争か。
⑤ 身体的接触の頻度：多いか、少ないか。
⑥ 活動の内容：難しいか、簡単か。
⑦ ルールを守る。
　等々の内容に着目する。

※レクリエーション財：レクリエーションを生み出す、さまざまな人間の文化が生み出した文化財のことを総称している。

【引用・参考文献】
（財）日本レクリエーション協会監修　薗田碩哉・千葉和夫・小池和幸・浮田千枝子編集『福祉レクリエーション援助の実際』中央法規出版 2000

レクリエーションの計画の段階では、何時どこで、どのような目的で行うのか。またどのような時間帯でメンバー構成（利用者）はどのような状況なのか、職員の体制など多面的に検討した上で、実施するレクレーション内容を決めます。

　決められた内容は、実施計画書に整理され準備活動に入ります。施設内・外の活動により準備が異なり、花見などの外部活動では現地の下見なども重要になります。そこでは、移動状況や通路の幅、車いすの利便性、トイレの状況、休憩場所などのより詳細な事前確認が必要になります。

　施設やデイサービスにおけるレクリエーションの目的は多様です。特に入所施設の場合は、様々なイベントを定期的に設定し、日常の生活支援にメリハリのある良い変化を感じもらえるようにする、四季折々の行事や社会的なつながりを意識して外出や行事を楽しみにしてもらうなどです。

　デイサービスなどの場合は、在宅における社会生活の延長線上に位置づけられたサービス提供ですので、在宅の事情などで外出や外食、買い物など気軽にできない状況などに関係する場合もあります。また定期的な行事イベント以外にも日常的な支援の中で個人の趣味活動や集団レクリエーションなどもたくさん取り入れられています。個人の趣味活動では、個人的な目的に添って支援を行いますが、集団的なレクリエーションの場合は、個人と集団全体の２つの目的を考慮して支援を行います。個別の活動であれば、レクリエーションの目的は、ケアプランの中でそれぞれの個別事情（独自の社会生活や人間関係、等々）を通し位置づけられています。

　たとえば、次のような目的等が考えられます。
① 健康づくり ② 社会活動として ③ 自然とのふれあい ④ 外での食事を楽しむ機会として ⑤ 趣味活動の延長 ⑥ 相互の自然な交流の場として ⑦ 気晴らしの機会として ⑧ 楽しく過ごせる機会 ⑨ 楽しみながら身体を動

かす機会 ⑩ ボケ予防の頭の体操として ⑪ 認知症の症状に対応した楽しみ作り ⑫ 季節感を感じてもらう ⑬ 節目の思いで作り ⑭ 地域の人との交流 ⑮ 園芸を楽しむ ⑯ 動物とのふれあい ⑰ 買い物を通したウインドウショッピングの楽しみ等々です。

　グループ活動においては、個人的な目的を考慮した状況から集団としてどのようなレクリエーションを行うことができるのかを考慮して判断されます。集団的なイベントやレクリエーションの場合は、たとえば、次のような目的等が考えられます。

① 仲間づくり ② 協働作業の楽しみ ③ 社会とのつながり ④ 所属感 ⑤ 気遣いなどの交流関係等々です。

　レクリエーションの目的の多様さは、個別・集団ケアをどの程度考慮し配慮できているかとも言え、その介護現場の介護の質とも密接に関係しているかもしれません。

2．自分を活かし楽しみを共有する（実施状況での心得）

　レクリエーションの担当職員は、たいてい職員チームを組んで行いますので、新人職員がすぐに主担当になる場合は少ないと思います。ですが、チームメンバーとして主体的に参加し、もっている力を発揮できる業務の1つかもしれません。

　たとえば、夏祭りでのパフォーマンスで場を盛り上げる。昼食のにぎり寿司バイキングで粋な握りを披露する。演芸大会で特技を披露する。外の散策でたくさんもっている草木の知識を披露する。カラオケ大会で即妙な司会芸を披露する。等々です。

　中途採用で介護現場の新人となった人の多くは、他の貴重な社会経験をたくさんもっていますので、その貴重な経験や特技などを活かし高齢

者に楽しんでもらう場を積極的に創造できる活動でもあります。

　介護の現場では、職員が楽しいと感じなければ、利用者の人も楽しめないはずです。行事やイベントなどでレクリエーションの計画を立てる際に、状況設定まで詳細に組み立てて準備したにもかかわらず、いざという時に利用者の人が何となくぼんやりと過ごすだけで、意図していたような楽しめる状況にすることが難しい場合もあります。対象が仮に若い学生だとしたら、いざ実施する際に場を設定するだけで、その場の意図をくみ取り、自発的な交流が行われたり、お互いに楽しめるように場を盛り上げるような雰囲気が創造されるかもしれません。

　高齢者の人は、基本的には、サービスを受ける側の人として参加しますので、職員が状況に対して積極的に介入して楽しんでもらえるように配慮する必要があります。また集団ゲームなどの場合でも主導に進める職員と、個別ケアを担い側面的に参加する職員の役割は異なります。それぞれ参加する職員の立場や役割を事前によく確認して実施しなければなりません。新人の場合も、個別に介助する方法や気持ちを支える役割などを事前に確認しておけば、戸惑わず役割を果たし楽しみを共有できるでしょう。

　イベントなどの場合、職員の役割として場を盛り上げる演出も重要になります。利用者の主体的な楽しみ感を体感してもらえるように場を盛り上げる働きかけの配慮や工夫も重要です。特に新人職員の場合、直接個別に関わりをもちながらイベントや集団ゲームなどに参加する状況が多くなりますので、一緒に楽しめるような雰囲気づくりの大切さを自覚し参加することが重要になります。

3．次につなぐ好循環の機会に

　レクリエーションの機会も科学の「ものさし」のサイクルに沿って実施した後の評価を次の計画や準備に活かして行かなければなりません。イベントなどの大きな行事の場合は職員チーム全員で実施後の反省会を行い、次の機会に活かせるような報告と記録が整理されます。

　ところがデイサービスでの日常支援に組み込まれた活動などの場合は、毎回チームでの反省は行われず、特定の利用者との関わりに不都合があった場合などに口頭で行われる程度でしょう。新人職員も仕事に慣れてくると、日課に組み込まれた30分程度のレクリエーションの進行を任されて実施する状況なども増えてきます。毎回の自己反省点や配慮や工夫で効を奏した状況などを自分用に記録しておくと、忙しい業務の中でも学びの積み重ねができるようになるでしょう。

　デイサービスなどでは集団のレクリエーションとならんで、種々の健康体操も行われます。健康体操の内容については、その日の利用者メンバーや個々の利用者への配慮などをチームで確認しています。新人職員が体操担当を担う場面も同様にあります。その際、心得ておいた方が良いのは、一つひとつの体操の効果と意図説明をわかりやすく伝える準備です。次に体操を進めていく際に参加者の参加状況をよく確認しながら進めるということです。

　ゴムのバンドやハンドタオルを使用する場合などは、認知や身体能力の障害に伴う戸惑いなど、うまく対応できない高齢者への配慮が必要になります。補助の職員が付いていれば任せられますが、そうでなければ、進行係を担いながら、個々の利用者の対応も必要に応じて行わなければなりません。体操を進める早さやペースなども始めは慣れないと分からない場合もありますが、参加者の状況を確認しながら行える余裕がもてるようになれば大丈夫でしょう。体操の場合も反省点などを次に活かせるよう自分で整理しておくと良いでしょう。ベテランの職員の対応をよ

く観察することでもいろいろな気づきを得られます。

　たとえば、体操進行の中で、個々の対応に時間が必要な間合いがある際に、体操に関係する当意即妙な何気ない場が和むような会話や時宜にかなった話題を提供して配慮するなどです。

　アクティビティ活動として、個々の利用者の趣味活動などの中で一般的に「脳トレ」と呼ばれるような認知症の予防を視野に入れた活動が多く取り入れられるようになってきています。また各市町村における介護予防教室や活動にも認知症予防の活動が多く取り入れられるようになっています。大分県の安心院の認知症予防のための「料理づくり」や「運動療法」などの先駆的な活動は有名ですが、各市町村独自の様々なアクティビティ活動やサービスも多く行われてきていますので、学ぶことが多いと思います。今はインターネットのホームページでも多くの情報を収集検索できまし、生きがい作り活動、介護予防活動、認知症予防活動など所属する事業所でも取り入れることのできるアクティビティ活動は多くあります。新人でも自分で様々なそれらの活動に関する情報をどんどん収集して自分の職場で提案することもできるでしょう。新人が自ら介護現場の実践に活かせる活動を創出するために提案したり、そのきっかけを作ることも可能だと思います。自分自身が現場の実践に活かせる情報を発信することで、主体的な活気のある職場環境づくりにも貢献できます。レクリエーションやアクティビティ活動などは、新人でも職員チームに対して新たに提案したり、創意工夫を活かせる活動の１つだと思います。

【引用・参考文献】
アクティビティ・サービス研究協議会編集『アクティビティ・サービス総論』―福祉におけるレクリエーションの前進― 中央法規出版 2000
特定非営利活動法人アクティビティ・サービス協議会『アクティビティ・サービス・心身と生活の活性化を支援する』中央法規出版 2014
（財）日本レクリエーション協会『福祉レクリエーション援助の方法』中央法規出版 2000
坂本康信・水野豊二・藤田重輝編集『介護レクリエーションの理論と実際』みらい 1999

第8章

認知症高齢者から学ぶ援助関係

Ⅲ 人として向き合うために

1. 認知症の障害について

　まずは、認知症に関する基礎的な知識や統計情報等を整理していきます。認知症とは一度発達した認知機能が後天的な障害によって持続性が低下し、日常生活や社会生活に支障を来すようになった状態をいいます。さまざまな原因で脳の細胞が死滅する、または働きが悪くなることによって、記憶・判断力の障害などが起こり、意識障害はないものの社会生活や対人関係に支障が出ている状態（およそ6カ月以上継続）をいいます。

　医学的な診断として用いられる基準（米国精神医学学会の診断基準 DSM-5) では、次のように整理されています。「認知症（Major Neurocognitive Disorder/Dementia から変更）とは、注意力、遂行機能（実行機能）、学習記憶、言語（会話）、日常生活動作（ADL）、他人の気持ちや考えの理解といった認知機能のうち、少なくとも1つが以前より低

下し、日常生活における自立性が下がった状態である」このように、人間の様々な認知機能の低下や社会生活上の障害に視点を置き幅広く捉えられています。

　我が国では高齢化の進展とともに、認知症の人数も増加しています。認知症高齢者の近年の国の統計的な調査では、次のような状況となっています。全国の65歳以上の高齢者については、認知症有病率推定値15％、認知症有病者数約439万人と推計（平成22年）されています。65歳以上の高齢者では平成22年度の時点で、7人に1人程度とされています。

　全国のMCI（正常でもない、認知症でもないという正常と認知症の中間状態の者）の人の有病率推定値13％、MCI有病者数約380万人と推計（平成22年）されています。なお、この認知症の前段階と考えられているMCIの人も加えると4人に1人の割合となりますが、MCIの方がすべて認知症になるわけではありません。また、年齢を重ねるほど発症する可能性が高まり、今後も認知症の人は増え続けると予想されています。また介護保険制度を利用している認知症高齢者は約280万人の推計（平成22年）となっています。

※1：MCI＝Mild Cognitive Impairment
　MCIとは正常と認知症の中間ともいえる状態のことだが、日常生活への影響はほとんどなく、認知症とは診断できない。MCIの人のうち年間で10〜15％が認知症に移行するとされています。

65歳以上の高齢者における認知症の現状
（平成22年時点の推計値）

資料：厚生労働省　2013年

平成 25 年 6 月 25 日に厚生労働省 老健局 高齢者支援課 認知症・虐待防止対策推進室がまとめた 指針『当面の認知症施策の取り組みについて ―「認知症施策推進 5 か年計画」(オレンジプラン) の着実な実施について―』に関する説明資料には次のように推計値が整理されています。

　次に認知症の利用者情報に関して、フェイスシート等の基本情報として記載されている代表的な障害判定基準について、参考資料として以下に掲載します。

認知症高齢者の日常生活自立度判定基準

ランク		判定基準	見られる症状・行動の例
Ⅰ		何らかの認知症を有するが、日常生活は家庭内及び社会的にほぼ自立している。	
Ⅱ		日常生活に支障を来すような症状・行動や意志疎通の困難さが多少見られても、誰かが注意していれば自立できる。	
	Ⅱa	家庭外で上記Ⅱの状態が見られる。	たびたび道に迷うとか、買い物や事務、金銭管理などそれまでできたことにミスが目立つ等
	Ⅱb	家庭内でも上記Ⅱの状態が見られる。	服薬管理ができない、電話の対応や訪問者との対応などひとりで留守番ができない等
Ⅲ		日常生活に支障を来すような症状・行動や意志疎通の困難さがときどき見られ、介護を必要とする。	
	Ⅲa	日中を中心として上記Ⅲの状態が見られる。	着替え、食事、排便・排尿が上手にできない・時間がかかる、やたらに物を口に入れる、物を拾い集める、徘徊、失禁、大声・奇声を上げる、火の不始末、不潔行為、性的異常行為等
	Ⅲb	夜間を中心として上記Ⅲの状態が見られる。	ランクⅢaに同じ
Ⅳ		日常生活に支障を来すような症状・行動や意志疎通の困難さが頻繁に見られ、常に介護を必要とする。	ランクⅢに同じ
M		著しい精神症状や問題行動あるいは重篤な身体疾患が見られ、専門医療を必要とする。	せん妄、妄想、興奮、自傷・他害等の精神症状や精神症状に起因する問題行動が継続する状態等

出典：厚生労働省

改訂長谷川式知能評価スケール（HDS-R）の項目

1	お歳はいくつですか？（2年までの誤差は正解）		0　1
2	今日は何年の何月何日ですか？何曜日ですか？ （年月日、曜日が正解でそれぞれ1点ずつ）	年 月 日 曜日	0　1 0　1 0　1 0　1
3	私たちがいまいるところはどこですか？ （自発的にでれば2点、5秒おいて家ですか？病院ですか？施設ですか？のなかから正しい選択をすれば1点）		0　1　2
4	これから言う3つの言葉を言ってみてください。あとでまた聞きますのでよく覚えておいてください。 （以下の系列のいずれか1つで、採用した系列に〇印をつけておく） 1：a）桜　b）猫　c）電車 2：a）梅　b）犬　c）自動車		0　1 0　1 0　1
5	100から7を順番に引いてください。（100-7は？それからまた7を引くと？と質問する。最初の答えが不正解の場合、打ち切る）	（93） （86）	0　1 0　1
6	私がこれから言う数字を逆から言ってください。 （6-8-2、3-5-2-9を逆に言ってもらう。3桁逆唱に失敗したら、打ち切る）	2-8-6 9-2-5-3	0　1 0　1
7	先ほど覚えてもらった言葉をもう一度言ってみてください。 （自発的に回答があれば各2点、もし回答がない場合以下のヒントを与え正解であれば1点）a）植物　b）動物　c）乗り物		a：0　1　2 b：0　1　2 c：0　1　2
8	これから5つの品物を見せます。それを隠しますのでなにがあったか言ってください。 （時計、鍵、タバコ、ペン、硬貨など必ず相互に無関係なもの）		0　1　2 3　4　5
9	知っている野菜の名前をできるだけ多く言ってください。 （答えた野菜の名前を右欄に記入する。途中で詰まり、約10秒間待ってもでない場合にはそこで打ち切る） 0～5＝0点、6＝1点、7＝2点、8＝3点、9＝4点、10＝5点		0　1　2 3　4　5
		合計得点	

1：年齢　2：日時の見当識　3：場所の見当識　4：言葉の即時記銘　5：計算
6：数字の逆唱　7：言葉の遅延再生　8：物品記銘　9：言語の流暢性
30点満点で、20点以下のとき、認知症の可能性が高いと判断される。

<認知症の重症度別の平均点>
非認知症：24.3点　／　軽度認知症：19.1点　／　中等度認知症：15.4点　／
やや高度認知症：10.7点　／　高度認知症：4.0点

出典：認知症支援マニュアル（改定版）平成21年3月厚生労働省

2．認知症の原因と症状について
　―中核症状と周辺症状の関係を中心に

　認知症は、種々の病気を背景とした症状です。認知症を引き起こす病気の中で一番多いのが、アルツハイマー病です。『アルツハイマー型認知症』は、1906年にアルツハイマー(Alzheimer,A.)が報告した代表的な認知症をきたす病気であり、その頻度は、わが国の認知症の約40％といわれ最も多い。特に高齢の女性に多く、年齢とともにその数は著しく上昇する。アルツハイマー病は、脳の中にβアミロイドと呼ばれる特殊なタンパク質が蓄積することで、脳の神経細胞が変質・脱落し、脳が萎縮していくとされています。はっきりとした仕組みはまだ分かっていません。経過の特徴は、いつの間にか始まり、緩やかに進行する点にあります。

　そのため、症状がいつから始まったのか周囲が分かりづらい、進行とともに種々の認知機能が低下するが、とりわけ、学習・記憶障害の低下が目立つことです。記憶障害の特徴として、初期は最近の記憶が障害されるものの、遠い過去の出来事は思い出せるが、認知症の進行に伴い遠い記憶も徐々に失われていくことがあげられます。

　『レビー小体型認知症』は、側頭葉と後頭葉の萎縮や活動低下が特徴で、レビー小体と呼ばれる異常な構造物が脳内につくられることで発症します。幻視やせん妄、認知機能の激しい日動変動などが特徴で、パーキンソニズムと呼ばれる、パーキンソン病で現れるような特徴的な歩き方なども見られます。

　ピック病は、若年性認知症に多く、前頭葉と側頭葉を中心とした脳の萎縮が特徴です。そのため『前頭側頭型認知症』とも呼ばれます。臨床症状の特徴は、初期にみられる人格の変化です。具体的には、欲動性脱抑制といわれる社会的行動の障害です。また、初期には認知機能は比較的保たれていますが、常動行動や食行動の異常が見られます。

　脳梗塞や脳出血などの脳血管障害の後遺症による認知症を『脳血管性

認知症』と呼びます。障害された脳の部位によって、症状が異なります。梗塞や出血の量が 50ml 以上、また、それらの数が多いと認知症になりやすいといわれています。多くの場合、発症初期にめまいや頭重感、しびれ、易疲労感などの身体症状を訴えます。なかでも脳卒中発作とともに片麻痺などの神経症状や意識障害の後に認知症が出現し、その後、段階状に進行するような経過は、脳血管性認知症の特徴です。

　その他、アルツハイマー病と脳血管性認知症の複合型のように複数の病気の複合型の認知症の場合も少なからず見られます。

　近年では、認知症に共通する症状を大きく 2 つに分け説明しています。1 つは中核症状であり、もう一つは周辺症状もしくは、行動・心理症状 BPSD（Behavioral and Psychological Symptoms of Dementia）です。

　中核症状とは、高次脳機能の低下を直接示す症状で、認知症の人に必ず認められる症状です。記憶障害、見当識障害、理解・判断力の障害、実行力障害などがこれに相当します。これらの症状は別々にあるのではなく、お互いに密接に関連しています。中核症状としての認知機能が障害されることで、思考、判断、理解、知識、会話、記憶、など、人が日常生活を営むのに必要な能力全般が冒され、コミュニケーション機能が障害される。また、的確な判断に欠けた行動をとったり物事を正しく理解できなかったりして、日常生活に混乱が生じ、他者との交流や社会生活に支障をきたします。やがては行為能力も障害され、介護なしには生活ができなくなります。

　周辺症状とは、中核症状に伴って現れる行動、あるいは心理的な症状のことで、どのような症状が現れるかは、その人の心身の状態や環境によって異なります。周辺症状は、今は BPSD（行動・心理症状）と呼ばれることが多くなっていて、行動症状には徘徊や暴言、興奮・暴力、奇声、異食などが、心理症状には不安や焦燥、抑うつ、幻覚、妄想などが含まれます。この行動・心理症状は、心理社会的側面（周りの人や環境との関わり）で様々なストレスが長期化し、それらが繰り返されることで精

神症状が発症すると考えられています。特に認知症の初期には、適切な判断ができず、言語的なコミュニケーションがうまくできないことで他者への攻撃や抑うつなどの発症につながると考えられています。

一方、脳の器質障害に伴い、攻撃や焦燥などの感情障害が出現し、意識障害を伴うときは多彩な精神症状の出現がみられることから、心理社会的側面と共に生物学的な要因が関係していると考えられています。

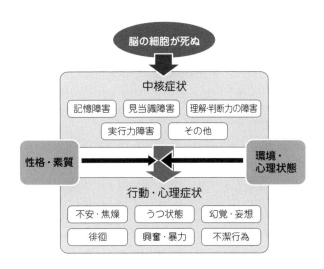

出所：厚生労働省

3．認知症高齢者と向き合うために

自分が生活していて、いつの間にかいろいろなことが思い出せない。今まで生活していて困らなかったことが自分ではできなくなったってきている。という日常的な認知症高齢者の「不安」に向き合うことが求められます。

> 我が身に置き換えて、生活している場面や状況でどのように戸惑い、不安を感じているのかを想像することができるかどうかが介護職員としての基本的な姿勢として問われることになります。

　認知症の人の中核的な症状として見られる失行とは、自分が思うように体が動かせない状態になってしまうことです。失認とは、生活する上でのものごとの理解が分からなくなってしまうことです。症状には個人差や障害の程度があるとはいえ、これまで自由に動かせていた体が思うように動かなかったり、状況理解や思考が不自由になってしまうなど障害が進行しているという不安も募っていきます。その認知症高齢者の心にきちんと寄り添えるかが重要です。

　わが国の認知症ケアは、2000（平成12）年の介護保険施行後に大きな動きがいくつかありました。

　まず、2000年には、わが国で初めて認知症ケアを国家レベルで研究し、認知症のケアについては研修を行う認知症介護研究・研修センターが、宮城県の仙台市、東京の杉並区、愛知県大府市に創られました。これによって施設や居宅での認知症ケアが根本的に見直されるようになってきました。

　2004（平成16）年には、それまで「痴呆」と言われていた言葉を「認知症」と改めました。それによって、多くの人が「自分が認知症であること」を自ら語り始めたのです。それによって、「ケアを受けている認知症の人自身がどのような気持ちでいるのか」ということが介護者の中で理解されるようになり、徐々にですが介護現場の実践で生かされるようになってきました。

　もう一つは、「ケアはそれを受ける本人が中心である」という考え方です。これは「パーソン・センタード・ケア」という考え方で、イギリスの臨床心理学者トム・キットウッドが提唱してきた考え方です。この考

え方が施設や居宅の介護現場で浸透するにつれて、家族からのことばやケアマネジャーからの話だけでなく、本人の声を聞くことが重要だといわれるようになりました。

　こうした認知症ケアの先進国として知られてきたのが、スウェーデンやデンマークなどの北欧諸国のケアでした。スウェーデンでは、認知症の人に少数でなじみの関係をつくりながら住みやすい環境を提供するグループホームの考え方、認知症の人の尊厳を大切にするという基本的な考え方のもとに考えられた「タクティールケア」、さらには認知症の人や障害がある人が自らの能力を高めることができる「ブンネメソッド」という楽器を使ったケアなどが発達してきました。

　最近、日本で取り上げられる「ユマニチュード」という手法は、これらの先駆的な取り組みから生まれた手法と言えます。

4．ユマニチュードのケアについて

　フランスのイヴ・ジネストとロゼット・マレスコッティという二人の実践者により整理された「ユマニチュード（Humanitude）」という認知症高齢者のためのケアの技法が近年、日本にも紹介されてきています。ユマニチュードとは、さまざまな機能が低下して他者に依存しなければならない状況になったとしても、最期の日まで尊厳をもって暮らし、その障害を通じて「人間らしい」存在であり続けることを支えるために、ケアを行う人々がケアの対象者に「あなたのことを、わたしは大切に思っています」というメッセージを常に発信する。

　つまりその人の「人間らしさ」を尊重し続ける状況こそがユマニチュードの状態であると定義づけています。ユマニチュードでは、認知症の人の「認知の状態」に丁寧に寄り添う働きかけや心身の関わり技法が実践

的に整理されています。

　認知症高齢者の支援を行う上で基本となる哲学的な姿勢や認知症へのアプローチは学ぶところが多くあると思います。

　ユマニチュードの提唱者は、認知症の人の基本的な理解について次のように述べています。「人間らしい世界から疎外され、人として扱ってもらえなければ、その人たちは自分を守るために戦うしかありません。叫んだり、周囲にあるものをたたいたりするか、もしくはすべてをあきらめて閉じこもり、目をあけることも、言葉をはっすることもなくなります。いわゆる問題行動や、低活動状態の高齢者がうまれる原因は、ケアをする私たちの側にあるのです。[1]」

　このことは、BPSD（行動・心理症状）と呼ばれる周辺症状としての徘徊や暴言、興奮・暴力、奇声、異食などの行動や焦燥、抑うつ、幻覚、妄想などの心理状態は、ケアする職員の対応が重要な要因になっているということでもあります。

　中核症状といわれる脳の変性による認知機能の障害によって、日常生活を営むのに必要な能力に支障が生じている人に対して、その認知の障害に合わせた適切な関わりを行うためにはどのようなことに配慮することが必要でしょうか。

　ユマニチュードの実践では、認知症のある高齢者に対する「見る」という行為にも介助者の視線の位置や距離などの違いで、全く違うメッセージとして伝わってしまうことを述べています。水平な高さで、正面から、近い距離で、時間的に長く相手を見たときに相手に伝わる「平等」「正直・信頼」「優しさ・親密さ」「友情・愛情」。それとは逆に視線が水平ではなく垂直に、正面ではなく横から、近づかずに遠くから、時間的にとても短く、相手を見る状況の場合には、「支配・見下ろし」「攻撃」「関係の薄さや否定的な意味」「恐れ・自信のなさ」として伝わってしまうということです。このように、日頃からの何気なく接する介護者の態度や視線の位置などが認知症の人の心にもたらす影響がとても大きいことを自覚し

III 人として向き合うために

関わりをもつことが求められます。

　私たちが、日常感じている人との関係性や相手の気持ちとは違う認知症の人の固有の感じ方や思いが存在するということ。そして、介護者が向き合うとき、その人なりに安心でき、肯定的に受け止めてもらえるような関わりを職員間のチームで探り共有した関わりが求められます。

　「見る」こと以外にも、ユマニチュードの考え方では、「話す」「触れる」「立つ」ことを基本に据え、認知症の人の受け止め方や感じ方に寄り添う「話す」ための方法、「触れる」ための方法、「立つ」ための方法を丁寧に具体的なケア技術として紹介しています。

　ユマニチュードの考え方を基本に据えるとした場合、職場の中で認知症高齢者がBPSD（行動・心理症状）と呼ばれる周辺症状が見られる場合は、それは必ずしも良い状態ではなく、それは改善し症状が消失する可能性があるという解釈ができるといえます。新人職員が、一人ですぐにそれを解決する方法を模索することは難しいかもしれません。しかし自分なりに一期一会の関わりを通して一生懸命、その人のこころの世界の理解に努め、対応することで本人も辛いそれらの症状が消え、穏やかな様子を示してもらえるかもしれません。

　認知症の程度（思考できる力）やその人の世界（考えている状況場面や記憶など）によって対応も関わりも違いますが、介護職員の想像力や感受性を活かし、その人の「世界」の中で必ず安心できる肯定的な関わりを行うことができるはずです。そのような介護職員との固有の関係性を通して良い関係を築くことができると、介護の仕事のやりがいや奥深さに気づくことができるのかもしれません。

　たとえば、認知症高齢者の人が、そばで興奮気味に外に出て家に帰りたいと表現していた場合、新人職員はたいていは戸惑い、必死に別のことに気持ちを向けてもらい、なんとか家には帰れないということを理解してもらおうと説得を試みたりするかもしれません。しかし職員の奮闘むなしく、利用者は余計に気持ちが荒立ってしまい、職員に対して否定

的な印象や嫌な経験として残ってしまったりするかもしれません。また、そのようなやり取り経験があると、利用者にとっても辛い経験です。新人職員もその利用者に対して対応に関する苦手意識をもち、いつの間にか関わりを避けてしまったりする態度になってしまいます。

　そのような関係性が続くと、先ほどのマイナスのメーセージを常に醸し出す関係ややり取りになってしまう危険性があります。

　そのために自分が肯定的で安心できる人物（私）であるということを認識してもらえる関係をつくることから始めなければなりません。気持ちが波立っている時にもこの人は、分かってもらえる人だという関係があると落ち着いて話を聞いてもらえる場合もあります。また帰りたくなった背景にある別の気持ちが関係していれば、それを表現してもらえるかもしれません。状況が許せば、少しそのまま一緒に散歩でもして気を紛らわせる機会をつくることも可能でしょう。仮に過去の現役時代に仕事をしていたときのことを思い出して帰ろうと思っていたのであれば、その「世界」に共感しながら話や表現を聞いている内に穏やかないつもの様子に戻る場合もあるかもしれません。気持ちを荒立てている場合など、その理由が必ずあるので話をしている中でその原因を探ることができれば、その後の対応の糸口になります。このように安心できる関係性を築くことができると、先ほどの例とは逆の常に肯定的なプラスのメッセージを醸し出す安心できる良い関係を築くことができます。

　最後に英国ブラッドフォード大学ブラッドフォード認知症研究グループが主宰する「パーソン・センタード・ケア」の理念を以下で紹介します[2]）。

パーソン・センタード・ケアの理念

1. 認知症をもつ人を、社会の完全な一員として尊重し大切にしなければなりません。認知症をもつ人たちには公民権、その他のあらゆる権利があることを認識し、認知症とともに生きる人たちや、そのケアに携わる人たちに対する差別的な行為を根絶しなければなりません。

2. 人々をそれぞれ個性をもつ人として扱い、認知症をもつ人たちはだれもが、その人独自の人生暦（履歴）、性格、心身の健康、社会的また経済的な資源をもっており、これらのことが脳神経障害に対する彼らの反応に影響を与えるということを、理解しなければなりません。

3. 私たちは、認知症をもつ人たちの視点に立って彼らの経験する世界を理解しようと努力しなければなりません。それぞれの人の経験は、その人自身にとって心理的な妥当性があること、認知症をもつ人たちはまさにこの視点に立って行動すること、また、この視点に共感をもち、理解しようとすることそれ自体に治療的な可能性があることを、認識しなければなりません。

4. 認知症をもつ人を含めすべての人の生活は、人間関係に基づいていることを認識し、認知症をもつ人たちは、彼らの障害を補うだけではなく、さらに、人として成長する機会を育む、より豊かな社会環境を必要としていることを認識しなければなりません。

【引用・参考文献】

佐藤眞一著『認知症「不可解な行動」には理由がある』ソフトバンク新書 2012
中村裕子編『認知症の理解と介護』メヂカルフレンド社 2009
厚生労働省 老健局 高齢者支援課 認知症・虐待防止対策推進室『当面の認知症施策の取り組みについて －「認知症施策推進5か年計画」（オレンジプラン）の着実な実施について－』平成25年6月25日
日本認知症ケア学会編『改訂3版認知症ケアの基礎』ワールドプランニング 2004
1）本田美和子・イヴ・ジネストとロゼット・マレスコッティ著『ユマニチュード入門』医学書院 2014
2）水野　裕著『実践パーソン・センタード・ケア』ワールドプランニング 2008

ICF（国際生活機能分類）と高齢者のケア

WHO 世界保健機関

　ICFは、心身機能・身体構造・活動・参加・環境因子・個人因子の五つの構成要素により成り立っており、人の健康状態（変調や病気）を理解するためには、どのような要因が関係しているのかという理解を図るための考え方です。

　下図にあるように心身機能・身体構造、活動、参加の相互関係が生活機能と区分され、その生活機能に環境因子・個人因子が背景の影響因子として関係している状態であると整理されます。

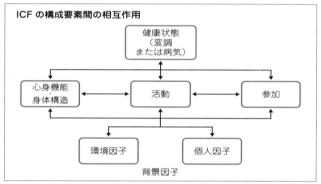

出展：厚生労働省HP、国際生活機能分類　―国際障害分類2訂版―

　ICFの概念を使って高齢者の人の「障害や心身の状態」をどのように考えることができるのでしょうか。認知症高齢者の人がとても不安定な精神状態で過ごすしかない場合とそれとは異なる環境で心穏やかに安心して過ごしている場合では、同じ人であっても健康状態や症状は全く別人であるかのように異なる場合があります。

　人の健康状態や障害というものを、固定的に考えることには無理があります。それは、どのような環境（対人的も含め）や状況においてそのような「障害や心身の状態」となるのか。どのような社会的な活動を行うことに「障害」があるのかというように、「障害」や「心身の状態」というものを人の様々な活動において関係する要因の相互作用の中で動的な解釈や理解がなされなければならないという考え方を提案しています。

IV 仕事の思考方法

第9章
科学的な思考方法を身につける

1．人間相手でもなぜ「仮説」―「検証」が必要なのでしょう

　介護の仕事は人間相手の仕事です。そこでは、本人や家族、または第三者にも日々の介護について、なぜそのような関わり（介護）を行ったのかというプロセスを理論づけて説明できなければなりません。いわゆる説明責任（Accountability）をもつ仕事です。利用者に対してどんなに役に立つ良い介護を行ったとしても長年の勘や経験に基づく実践であるという説明では、責任を果たしたことにはなりません。また提供した介護サービス内容を記録として残すこともできません。

　そこで、介護実践を説得力のある理論的な方法論を用い、契約に基づく同意の下で介護サービスを提供しなければなりません。ここでは、それを科学の「ものさし」を使うという表現を使います。それでは、科学の「ものさし」を使うとはどのようなことであるのか順次実践的な状況と共に説明していきます。

第9章 科学的な思考方法を身につける

Ⅳ 仕事の思考方法

（科学的な考え方の基本）

仮説として原因を考える

検証し良い結果であれば、立てた仮説は役に立ったと解釈する。

　仮説を立てて意図する結果が出れば、立てた仮説が正しかったといえます。または、「仮説が役に立ったと判断できる」ということです。この考え方に沿って実践状況を表現すると「私たちは、今の現状を改善するために、原因の仮説を立て、検証して見た結果、意図していたように改善することができました」というように実践内容を説明することができます。

　しかし、介護現場においては、一般的に「仮説」や「検証」という表現は使いません。このような表現はどうしても、物理や化学の実験のように感じますし、人間相手の表現にはあまりそぐわないからかもしれません。

情報収集・分析

原因とみなされることを「仮説」として整理する。
例a　身体機能の低下が原因で外出できないのだろう。
例b　趣味を活かせれば、人間関係が改善できるはずである。

原因仮説を「援助課題」として整理する。
例A　身体機能の低下を防ぐ。外出支援を行う。
例B　趣味を活かせるよう支援する。人間関係の改善を図る。

援助課題 ― （契約）

 計画・実施・評価へとつながる

127

これを介護実践の場でのプロセスに沿って考えてみましょう。介護実践の場合、科学的な実験のように「検証してみたけど、どうも失敗に終わってしまい、仮説が間違っていたようだ」というわけにはいきません。そこでは、必ず役に立つ良い結果を残さなければなりません。そのためには、検証の途中で、仮説を見直したり、実践方法を見直すなど、修正しながら必ず良い検証結果に導くような対応が必要になります。

仮説を立てるとは

　次に介護実践において仮説を立てるとは、どのようなことなのか考えて行きます。
　今、何らかの改善に向けた対応が必要な利用者の例を考えてみます。

> **これまで自立歩行されていた堀井（仮名）さんは、
> 時々歩行にふらつきがみられます。**

　この場合、必要な支援を行うためには、何故ふらつきがみられるのか。その原因を確認する必要があります。そのためには、堀井さんの歩行の状態を注意深く確認し、本人や周りの人からその状態に関する情報を集め、原因を特定します。

> 堀井さんの場合、日頃の言動から認知機能の低下が関係している様子が見られる。また、睡眠が充分ではないとのことで家族とのことが関係しているようだ。また、3日前に自宅で夜転倒してから、身体機能に変化があった。

　「ふらつきの原因は、上記の事情が関係している」と仮説を立てます。場合によっては、専門病院などで心身の状態について検査を行うことで、

関係する疾病や身体機能を突き止めることができるので、そこで原因が特定できることもあります。

しかし、生活の中で起きている人間の心身の「状態」については、様々な原因が複雑に関係している場合も少なくありません。

> 家族に介護の負担をかけたくないという思いがありながらも、できれば在宅で生活し続けていきたいと悩んでいる。その上、自分の認知機能についても気になり出している。時に漠然とした今後に対する不安が強くなることがあり、視力も衰え夜トイレに起きた後などにふらつくことがある。

などという追加情報があると、歩行のふらつきの原因を単純に特定するのは難しくなります。その場合、原因を複数考えて仮説を立てる方法もあります。その上で、複数立てた仮説に優先順位をつけていきます。

> 堀井さんの場合、今後の生活について、家族とよく話し合いを行い、自分なりに納得のいく生活を実現できれば、悩みが解消するであろう。安心する事で夜もよく眠れるようになり、昼間の覚醒状態も安定してきっと歩行のふらつきもなくなるであろう。

という仮説を立てるとします。

仮説に基づいた解決策を考える

次に仮説に基づいた解決策を検討します。

> 家族とよく膝を交え職員も一緒に話し合いの場を設ける。できるかぎり在宅生活を続けることを家族と一緒に確認する。在宅継続が難しい場合でも、家族と親しい関係が続けられる馴染みの地域に生活できる施設があることを知ってもらう。または一緒に見学に行って見るなどの対応を行う。

　その結果、「今後の不安が解消され、当面本人が安心して今の生活を続けていけるようになった」また「夜、トイレに起きた際に廊下の足元を明るくし、廊下に手すりを設置することで歩行のふらつきも見られなくなった」という家族の報告がありました。

　このような場合、最初に立てた仮説は意味のある役立つ仮説であったということになります。また、検証の結果、役に立つ改善（対応）ができたということになります。

　しかし、上記の家族の報告では、はじめの仮説には含まれていない対応も含まれています。

　ここでは、さらに解決策としての検証状況に「解決方法」が増えていたことにお気づきでしょうか。それは、「夜トイレに起きた際に足元が暗くならないようにしたことと、廊下に手すりを増設したこと」です。

　この対応は、初めに立てた仮説に加えて後から仮説が増えていたということになります。

> 本人の歩行のふらつきは、夜間のトイレの前後であり、視力も衰えて見えづらい状況があるという追加情報に基づいて、その際に安心して歩行できるように対応を検討する。

　という仮説が増えているからなのです。このように、一度仮説を立ててからも、重要な別の情報が入れば、仮説を追加し、より改善につながる対応を再検討していきます。

また、場合によっては、初めに立てた仮説をもう一度見直し、別の仮説を立てて、解決策を練り直すための再検討を行います。

上の例で、もう少し仮説を見直す場合も考えてみます。

> 堀井さんは、家族と今後の生活状況について話し合いを行っている。しかし、一向に歩行のふらつきが収まらない。精神的にも不安定な状態が多くなってきたので、主治医やリハビリの担当者にふらつき状態を報告し、認知機能や身体状態を詳しく調べてもらう。また必要に応じた補助具の使用や歩行介助の方法を変えるなどの対応を検討することで、安心して歩行が行えるであろう。

というように別の仮説を立て直し、その仮説に基づいて、より効果的な別の対応を再検討する場合もあります。

2．実践方法と科学の「ものさし」
　　──原因を考え仮説を立てる

介護現場の中では、「仮説」－「検証」という方法の説明を受けることはあまりないかもしれません。あえて、そのことに触れたのは、理論的な思考の枠組みを始めに理解しておくことで、介護に限らず・・での同じプロセスを通した・・実践が理解しやすくなると考えたからです。

この科学の「ものさし」について基本的な枠組みをもう一度、ここで整理してみます。

第1段階

　まず本人や家族の意向に沿った援助目標が存在します。この場合、高齢者の状態が何か困っている状態、あるいは維持していきたい場合もあります。また、「趣味など良いところを活かして行きたい」という前向きで肯定的な目標を設定する場合もあります。近年は、認知症の人への支援は、後者の良いところを活かす視座から援助目標を考えることの重要性が認識されてきています。

第2段階

　今の状態に対して改善や検討が必要な状態になっているのは何故なのか原因を考えます。その原因を探るためには、多面的な情報を集めなければ、原因の特定が偏った見方や考え方になる危険性があります。特定された原因が仮説となります。確信できる原因だとしても「仮」の原因であることを認識しておかなければなりません。

第3段階

　仮説としての原因に対して、どのような対応を行うことで解決や目指す目標に向かうのかという援助課題を整理します。次にその援助課題に取り組むための具体的な実践方法を整理し実施内容、時期や期間などを実践計画として整理します。援助課題が1つでも解決する方法は1つとは限りません。解決する方法が複数ある場合もありますし、同時並行的に実施する場合もありますし、仮説立案と同様に実践する方法にも優先順位をつけて順次実施する場合もあります。

第4段階

　立案した実施計画に基づいて、検証しながら実践を行います。たいていは一定期間を目安に実施します。また、実施期間の途中でも意図したように改善していない、もしくは、効果が見られない場合は、必

要に応じて実践方法を見直して計画を作り直します。同様に、援助課題の立案にまで戻って見直す場合もあります。

:::第5段階:::

一定期間の経過をみて、意図した課題の解決に導く事ができたのか確認（評価）しなければなりません。援助課題や目標が解決出来た場合は実践を継続することに（場合によっては終了）なります。しかし、一部の改善が見られても課題が解決していない場合は、期間を延長して計画した実践を継続する必要がある場合もあります。終了した場合は、今後の更なる援助課題や目標を新たに立て【第1段階】から繰り返します。

このように人間相手の実践では、解決に向けて意図した効果が上がらない場合には、立てた援助課題を見直していきますし、実践方法を見直すこともあります。

この【第1段階】から【第5段階】のサイクルは、いつでも良い結果を導くために行きつ戻りつ柔軟に検証しながら実践が行われます。

【第2段階】を一般的に「アセスメント (assessment)」といいます。
「アセスメント」という表現は、介護の現場では頻繁に使われることばです。必要な情報を集め仮説を立てて分析する。いわゆる援助課題を立てるために必要な過程であるということです。

【第1段階】は意向を確認し、援助目標を整理する。【第3段階】は、実践計画を立てる。【第4段階】は、計画に基づいて実践する。実践介入する。【第5段階】は、事後評価する。というように簡略的に表現されて現場の中で用いられます。

介護サービスの場合は、契約に基づいて、それぞれの段階について、本

人や家族と同意や確認報告が行われます。

　これまでは、一つの事業所の中で行われる個別ケアの実践に即して説明をしてきました。入所施設等では、その介護現場の中での対応を中心とした施設サービス計画に基づく実践が行われます。

　一方、居宅サービス利用者の場合は、複数の援助機関との関わりをもち、介護・医療サービスを複合的に利用している場合がほとんどです。その場合は、その実施過程を含む、より広い視野から立案された介護サービス計画（ケアプラン）に基づいた実践を行います。また各介護事業所内においてケアプランと併用される単独の介護サービス計画を作成し実施されます。ケアプランでは、複数の援助機関が共通の援助目標に添って連携を取りながらケアが進められます。事業所ごとの計画と総合的なケアプランのどちらも【第1段階】〜【第5段階】の介護実践が繰り返し行われることになります。

　次に科学の「ものさし」とケアプランとの関係をもう少し詳しく見ていきます。

　たとえば、ある利用者の1つの援助目標が、「心身の状態を維持して生活できる」だとすれば、Aデイサービスでは、この目標に添って具体的な援助課題を立て機能訓練や健康体操などのサービスを提供する。Bヘルパーステーションでは、同様のプロセスを経て調理や身辺の家事援助や身体介護を通して一緒に機能維持に努める。C訪問看護ステーションわ、主治医の指示の基で、本人の健康的な生活に関する自覚をもってもらい、必要な心身状態の定期的な確認や処置を行う。というように複数の機関が同じ援助目標に基づいて連携しながらケアを進めます。

　上記のような利用者の生活全般に関する介護支援のためのサービス計画は、ケアプラン（介護サービス計画、介護予防の場合は、介護予防サービス計画）として整理されています。このケアプランの作成に関しては、主に本人、家族とケアマネジャーが中心となって【第1段階】〜【第3段階】の過程を行います。

作成された計画に基づいて【第4段階】は、それぞれの援助機関が実践を行います。さらに【第5段階】の事後評価では、共通の会議の場（地域ケア会議）を通して検証作業を行っていきます。

　今後、このケアプラン以外にも地域包括ケアシステム（国が推進する小地域単位での医療や介護支援のシステム）の中で、地域ケア会議などを通して共通の援助目標や課題に対応するというような場合も増えていくでしょう。

　個別ケアにおける介護実践での科学の「ものさし」を用いた理論的な枠組み以外にも、様々な業務や状況において、この科学の「ものさし」は使われています。たとえば、次章の実践記録の構成もそうですし、リスクマネジメントの実践などもそうです。さらに前章のアクティビリティ活動についてもすべて「仮説―検証」の仕組みに基づいたプロセスに沿って、アセスメント、計画、実行、そして次に繋がる反省や評価を行います。

　この科学の「ものさし」は、PDCAサイクルなどと表現されて簡略化して説明されている場合もあります。仕組みは同様です。

　このように科学の「ものさし」は、介護の現場の中のあらゆる業務の

なかで繰り返し使われますので、はじめにその仕組みを理解しておくと仕事を早く覚えるためにも役に立つ重要な考え方です。
　次に説明する記録の書き方についても実践記録として整理しなければならない記録内容に関しても、科学の「ものさし」に沿った実践で成り立っています。ですので、その仕組みを理解した上でなければ記録自体も書くことができません。

第9章　科学的な思考方法を身につける

ケアマネジメントと科学の「ものさし」

　「ケアマネジメント」は、日本で介護保険制度が始まる際に欧米で実践されていたこの援助方法を基にして、法的に位置づけられ導入されていました。「ケアマネジメント」とは、居宅介護支援事業所や入居施設、その他に所属するケアマネジャー（介護支援専門員）が制度に基づき利用者や家族がもつ複数のニーズと近隣でのボランティア活動や私的なサポートなども含めたさまざまな社会資源とを結びつけ継続的に生活を支援する仕組みです。全体のプロセスは、科学の「ものさし」が基本となっています。介護サービス利用に伴う関係性の構築からケアプランの作成、実施状況などの一連の支援の流れは以下のようになっています。

サービス利用の申請段階→要支援・要介護の認定→ケアマネジメントを依頼
（ケアプランの作成含め）

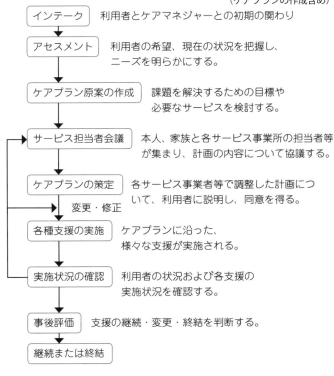

【引用・参考文献】
『介護過程』新介護福祉士養成講座　中央法規出版 2009

Ⅳ　仕事の思考方法

第10章

要領よく必要な記録を書く心得

　介護の仕事において、実践の記録は重要な役割をもっています。ここでは、大きく3つの役割に分けて整理します。

　1つ目の役割は、個別ケアと介護実践上の役割です。介護を行ったその実践を証拠として残さなければなりません。利用者本人や家族に対してもどのような介護サービスを提供しているのか。なぜそのような介護実践を行ったのかについて説明するためにも記録が必要です。

　これらの介護サービスの実施状況に関する実践記録は、法定の運営基準に基づき整理しておかなければなりません。また、その基本的な記載項目や内容についても規定されています。後の章でも触れますが、介護事故が起きた場合にも、どのような経過なのか事実について記録を通し確認できるようにしておかなければなりません。訴訟に至る事例の場合には、重要な証拠になることは言うまでもありません。

　2つ目の役割としては、教育的な役割です。新人指導も研修記録を介して新人担当者、主任職、管理職へと連携が行われ記録を介した情報交

換を通して指導が行われます。新人指導の場合のみならず、各職員に対するスーパービジョンやグループ研修においても、日々の介護実践に関する記録や職員指導のために記録などが使われます。また、事例検討や定期的に個別ケアについて話し合う際にも、実践経過を整理した記録が使われます。

　新人として、仕事を覚えたり、指導を受ける中で記録を通して自己の技術習得度や自己課題の整理など自己の成長に繋がる「気づき」を得るためにも、記録が重要な役割を果たします。また職場内研修の事例研究のような実践力の養成を兼ねた研究活動や統計的な調査の場合にも、実践記録が用いられますし、これまでの実践経過の記録整理もその過程で必要になります。

　３つ目の役割は、組織における運営管理上の役割です。介護事業所（入所施設含め）の中の金銭管理や、運営管理上の業務においても記録が残されます。利用契約書、重要事項説明書、個人情報に関する誓約書などは、サービス利用を開始する際には、必ず利用者や家族との同意や説明を通して取り交わされます。また介護事業所における日々のサービス利用状況も業務記録として残しておかなければなりません。

　実践的な介護連携においても連絡や引き継ぎのためにも記録は欠かせません。利用者の人への適切な介護を行うためには、その利用者に対する介護に必要な情報について全て記録を介して共有し、伝え合わなければなりません。

　このように「記録」のもつ役割の重要性は、記録自体の価値にもあるのですが、常に「記録」が媒介し様々な介護実践の場で「記録」がサービスの質の向上に繋がっていきます。ですから、より良い個別ケアやサービス提供を行うことと「記録」の重要性は常に関係があることを認識しておくこが必要でしょう。

　次に介護の仕事に必要な記録の種類について整理します。ここでは大きく４つに分けて説明します。

1つ目は、利用者の人の基本的な情報が整理されている記録です。個人の所在や家族関係、略歴、疾病や身体の障害情報などの基本となるプライバシー情報が整理されている記録があります。これらの記録は、新人の場合、記録することは少ないと思いますが、介護を行う上で内容を良く確認しておかなければなりません。

2つ目は、毎日の利用者個々のサービス提供の内容を整理する記録です。この記録は毎日、日々の業務として新人の人も記録しなければなりませんので、後で詳述します。

3つ目は、その日一日の事業所や施設における介護サービス提供の全容を記録するものです。デイサービスやホームヘルプサービスならその日、どのような人が利用したのか、それぞれの人の支援内容や健康状態などを記録します。さしずめ営業日報のようなものでしょうか。特別養護老人ホームのように利用者が生活している施設においても同様です。施設の場合は、24時間体制ですので、夜間や早朝などの時間帯についても、夜勤者など勤務職員が分担して記録を行います。

4つ目は、サービス提供ごと定期的に記録するものではありませんが、逐次必要に応じて書かなければならない記録があります。たとえばレクリエーションを実施した場合や、対応上で特記すべき状況があった場合、連携する他機関の人に伝達する際などに書く記録などがあります。その他にも種々の記録がありますので、章末を参照下さい。

1.「事実」を書く方法

次に記録の書き方ですが、ここでは、日々の利用者の支援内容を整理する記録の書き方を例に取り上げます。

記録を書く際の基本は、まず状況の「事実」だけを書くことです。新

人研修記録の書き方のところでも触れたように、どのようなサービス提供を行ったのかを簡潔に事実整理します。それでは、何故「事実」だけをまず整理する必要があるのでしょう。

> たとえば、利用者の本間（仮名）さんがリビングで転倒されていたとします。

職員はすぐに駆けつけて対応しました。その状況について、対応職員がそのときの状況を以下のように記録しました。

> 本間さんは、昼食後、自室で午睡されていましたが、目がさめてリビングに移動されました。しかし、覚醒状態が良くなかったようで、フロアーのテーブルの角に体をぶつけて椅子の横で跪いてしまいました。

このように事後の記録に残っていたとすれば、他の職員は、その記録を確認し、本間さんは、記録通りに午睡の後、ぼんやりした状態で椅子の横で体をぶつけ、ふらついたんだなと理解します。

この場合、仮に別の状況の「事実」が存在していたとします。

> 本間さんは自室での午睡のあと、リビングに移動されましたが、テーブルのところで椅子に座ろうとしたときに後ろを見ずに腰かけようとしました。椅子の位置を勘違いして肘掛けにお尻をおいて、椅子が動いてその場に尻餅をつきました。

本間さん本人は、「座ろうと思ってたんだけど転んじゃったのよ」と表現しています。尻餅をついた後、必死に起き上がろうとしてひざまずいているところで発見した職員は、そのような状況に気づいていません。そ

の際、自分自身の身に起きた状況を正確に説明できる人なら良いのですが、そうではない場合もあります。この例の場合のように、職員は自分勝手に午睡後に覚醒の状態が悪く躓いたんだろうと主観的に判断してしまうと、事実が全く変わってしまうことになります。前述のように記録から確認される「事実」は、午睡後に覚醒状態が悪くてテーブルに体をぶつけて転倒したということになってしまいます。

> この際には、本間さんが何時何分にどの場所で、どのような状態で転倒していたのか。その際、本間さんはどのように表現しているのかをそのまま主観を交えず記録しておく必要があります。

　本人がはっきりと表現できる人であれば、状況を詳細に確認できますが、そうでなければ本人から確認するのも難しくなります。「事実」が異なるとその後の対応方法も異なりますし、原因を探り、解決策を検討する際にも的外れになってしまうことになります。不覚醒状態が原因の場合と椅子位置の確認ミスが原因であるという場合では、その後の対応も自ずと異なってきます。

　利用者とのやり取り場面であれば、それが、どのようなやり取りであったのか、具体的には、どのような言葉を交わし、どのような介助や対応を行ったのかなどについてありのままの「事実」を書く必要があります。

　入所施設などの日々の経過記録は、必要に応じて個別ケアの計画や事例検討の際にも再認識される多面的な情報記録でもあります。サービス提供を行った内容を正確に確認することができるようにするためにもまずは、「事実」を分け記録を残さなければなりません。

2．思考を通してまとめる方法

次に「事実」状況の記録の後に、介護者の判断や考えを含めた考察内容を整理します。「主観」を含めて対応職員がその際に考えていたことをまとめます。対応の際にどのように判断したのか、どのような考えに基づき対応を行ったのかということです。実際の記録は、「である」調で書きますので、以下は「である」調で整理します。

（事実経過 1）
「吉井（仮名）さんと坂本（仮名）さんがフロアーで言い争いをする場面が多く見られることがある。

このような場合、まずは、始めに前述のように「事実」の記録がここで整理されます。（省略）何時、誰と誰が、どこで、どのようなやり取り状況であったのか。という事実です。

（事実経過 2）
状況の確認のため、それぞれ別の場面で個別に事情を確認している。どうも、何度か坂本さんが家族と電話で話している際に口調が強くなるような感じであったらしい。ことある度に、吉井さんや他の利用者に対して、家族の事情について愚痴をこぼすようなことが多くなっている。

（事実経過 3）
ケアマネや生活指導員が家族に事情をそれとなく確認すると、特に心配をかけるような話をしている訳ではないとのこと。どうも、電話口で話したことを何度か自分で確認するために繰り返したり、職員に対しても杞憂話や問いかけが多くなっているとのこと。

（事実経過 4）
その後、職員間で今後の対応について検討を行っている。坂本さんは認知症の初期症状と思える不安感が出ている様子が見られる。本人に対して当面は周りの利用者に配慮や理解を求めるようにやり取りを進めることを確認する。

次にこのような経緯の状況に対して行った職員の具体的な関わりについて「事実記録」と「主観を含めた記録」に分けて整理します。

その後の対応に関する【事実】の記録です。

居室で吉井さんと話をしている。坂本さんが家族のことが気になり、気持ちが落ち込んだりしているようなので、配慮をお願いしたい旨を伝える。ご自身も離れて暮らす家族のことが気になり、つい長話をしてしまうのでとおっしゃり気にかけてみますと理解を示して頂いた。

次に対応時に職員が考えたことを【主観を含めた】記録です。

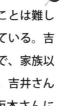

> 吉井さんに坂本さんの認知機能の変化について説明することは難しいのでご家族の話に対して理解してもらうようお願いしている。吉井さんも坂本さんの言動に対して察する状況もあるようで、家族以外のことでも坂本さんに対して心配しているようである。吉井さんは坂本さんと以前から親しいので、いろいろな場面で坂本さんにとって心の支えになってもらえる可能性もある。今回のことは理解を示して頂いたが、今後は配慮を求めるだけでは吉井さんの負担にもなり兼ねないので、場面に応じて職員が関わりをもつ必要があると考える。

　坂本さんのことで、吉井さんとどのような対応や話をしたのかという記録が前段の事実記録になります。それに対して、職員の判断でなぜ、そのような対応を行ったのかを後で分けて記録することになります。

　介護の記録を正確に書けるようになるには、この2通りの基本的な書き方をしっかり身につけることが重要になります。新人の場合は、前章でも整理した新人研修記録を書く期間に、実践記録の基本の書き方をしっかり自覚し身につけておくと後々で役に立ちます。

　もう少し「事実記録」と「主観を含めた記録」について補足します。「事実」については、厳密に分けると2種類に分けられます。「客観的事実」と「主観的事実」です。たとえば利用者の人が語ったことを記録に残す時は、「　」に入れて重要な事実の記録として残す必要があります。その場合、表現されたことは主観的事実となります。利用者の人がどのように表現していたのか、どのような気持ちを表現していたのかというのは、主観的な考えや気持ちですが、「その人が表現されていた」という重要な「事実」になります。これが主観的事実の記録となります。これまで整理

してきたように、誰が解釈しても変わらない状況や場面、そのときの利用者の行動などは、客観的な事実となります。認知症があり、状況を正しく把握できていない場合でも、本人が表現していた（主観的な）ことは大切な事実となるからです。たとえば、もの取られ妄想などの表現でも、そのような表現が見られるという事実が、本人の精神状態や認知機能を確認する上でも重要な手がかりになります。また、本人の表現している内容によって精神内界や心象状況を察知し適切な対応や会話を行うことにも繋がります。

　また介護現場における日々の個別ケアの記録に関しては、現場によって工夫を凝らし、様々な書式や形式を取り入れている事業所があります。デイサービスのような限られた利用時間のための記録の場合は、健康上の特記事項や個別目標にそったサービス提供の概要を中心に３〜４行程度の記録で整理している場合もあります。どのような経過記録の書式にしても、基本の文体は、この２通りが基本になりますので、早くにしっかり身につけておけば、どのような書式の記録においても応用が可能です。

3．科学の「ものさし」と記録の関係

　前例のように、利用者の関係において解決を迫られている課題がある場合だけでなく、日々の経過記録などは、個別ケア計画の中に位置づけられます。ケア計画は計画期間が決められ、目標や援助課題、その課題を解決するための方法と実践、その後の評価というプロセスがチームで検討されます。経過記録は、その個別ケア計画の実施状況の記録でもあるわけです。個別ケアの計画に沿ってどのように実践が行われたのか、その経過や評価はどのようなものであったのかという内容が記録されます。

Ⅳ 仕事の思考方法

　いわゆる、援助課題 ― アセスメント ― 解決するための実施方法の検討 ― 実施計画 ―実施内容― 事後の評価という、科学の「ものさし」に添って記録は書かれなければなりません。

　科学の「ものさし」と記録の関係を、在宅で生活している人と施設で生活する高齢者の場合で考えてみます。

　新人は、基本的な利用者理解として、利用者の基本情報の台帳（以下フェイスシート）やケアプランを確認し基礎となる大切な情報の理解を深めます。このケアプランも前述の通り、科学の「ものさし」に沿って整理されていることは言うまでもありません。始めに少しケアプランの補足説明をします。

　公的介護保険サービスを利用する場合、担当のケアマネジャーは、本人と家族のアセスメントを行った上で、本人・家族と共に必要なサービスを考え、実行するための計画書を作成します。この介護（介護予防）ケアプランは、更に居宅サービス計画と施設サービス計画に分けられます。また個人で作成しても良いとされていますので、本人や家族がケアプランを作成することも可能です。ケアプランの内容は、介護保険サービスだけではなく、地域のボランティアサークルの支援など、介護保険のサービス以外の支援や近隣との関わり等も含まれます。

　このケアプランでは、主にケアマネジャーがアセスメントを行い必要な情報を基に本人や家族と相談して援助課題を整理します。次に援助課題を解決するための支援計画、支援の実施方法について決められた書式に整理されます。そこでは、ホームヘルプサービスやデイサービス等の複数のサービスを組み合わせて利用する、もしくは、同じサービスでも複数の事業所を利用する場合など個々の事情に応じた計画が立てられます。このケアプランは利用する介護サービス事業所によって、どのような援助課題に対応するサービス提供や支援であるのかが整理されていきます。

　次にこのケアプランと繋がる各サービス事業所ごとで作成する計画書

について説明します。介護事業所でのサービス提供を行う場合、その事業所ごとにサービスの提供内容が計画書として整理されています。計画書はデイサービスであれば、「通所介護計画」という名称になります。この事業所単独で作成されるの個別ケアのサービス計画書は、前述のケアプランの内容と整合が取られています。ケアプランで確認されている援助課題や解決するためのサービス内容をより、詳細で具体的に事業所の計画書として整理しているものです。この計画書も同様に科学の「ものさし」に沿って整理されています。

新人の場合は、この個別ケアのための事業所単位の計画書を作成することは少ないのですが、他の現場で経験を積んだ経験者の場合などは作成する場合もあります。新人も経験を積み、生活相談員を兼務するなど、状況に応じて作成する場合もありますので、基本的な仕組みを頭に入れておくと実践においても作成においても役立つでしょう。

また、一般に計画書を作成する際、利用者に必要な情報を整理する段階で、どのような情報が大切であるのを精査する必要があります。そのためにアセスメント書式に基づいて情報を項目（生活面の状況、身体的な状況など）ごとで収集整理します。

認知症対応型共同生活介護（グループホーム）や介護老人福祉施設（特別養護老人ホーム）などの入居型のサービス機関においても通所サービスと同様に、個別ケアの内容を計画に基づいて期間を区切り、経過的な実践記録を整理することになります。その場合、援助課題に対してどのように課題解決を図るのかをチームで検討し共通認識のもとで、どのような介護サービスを実施提供するのか個別計画書の中で整理されています。

日々のケア記録の多くは科学の「ものさし」の「実践段階」での関わりを「事実」と「どのように専門職として判断し対応したのか」を分けて経過記録として整理しています。

経過記録の書式については、看護領域で汎用されている書式様式を使

い記録している場合もあります。現場によって様々な独自の書式をつくるなど工夫が見られます。

　最後に記録の文章表現で役立つ留意点を列記します。

1．まずは、文章構造の基本を踏まえます。特に主語を必ず意識することは重要です。主語が抜けていると第三者が読んだときに分かりづらくなります。
2．文章は、なるべく短くすることも重要です。短ければ短いほどわかりやすい文章になります。一文が長い文章は、後で見直して、接続詞などを入れて小分け（2～3文に分ける）にするとわかりやすい文章になります。
3．始めに書く必要のある事項を認識しておくと短時間で書くことができます。それは記録として残さなければいけない事項は何かということを取り出して柱立てすると良いでしょう。
4．記録表現は、家族や第三者が読んでもわかりやすく適切でなければなりません。失礼な表現、職員間でしか通じない表現になっていないか確認しましょう。特に文語体と口語体の違いを確認すると良いでしょう。
5．実践記録等は「である」調の文体が基本になります。「です・ます」調が混じっていないか確認しましょう。カッコにとじた逐語などは別です。
6．現場の実践記録では、より具体的に表現することを心がけ抽象的な表現を使わないようにした方が良いでしょう。たとえば、「介護の質の点では不十分だから～」のような表現です。記録は、共有されますので、誰にでも共通の解釈ができる表現が必要になります。

実践記録の種類について

≪フェイスシート≫
　家族関係、生活略歴、緊急連絡先、主治医、担当ケアマネ、他サービス提供に必要な利用者の社会生活上の基本情報が整理されている。

≪通称：ケアプラン≫
・在宅で要介護のサービスを利用している人の場合は、居宅サービス計画書
・在宅で介護予防サービスを利用している人の場合は、介護予防サービス計画書
・入居施設（介護老人福祉施設・介護老人保健施設・介護療養型医療施設）で生活している人は、施設サービス計画書
・特定施設（有料老人ホーム、軽費老人ホーム・養護老人ホーム等）を利用している人の場合は、特定施設サービス計画書。ただし、特定施設入所者介護の指定を受けている場合のみ。
・認知症対応型共同生活介護（グループホーム）を利用している人の場合は、認知症対応型共同生活介護計画書

≪各事業所ごとの個別援助計画書≫
・通所介護事業所（デイサービス）の場合は、通所介護計画書
・訪問介護事業所（ホームヘルプ）の場合は、訪問介護計画書
・短期入所事業所（ショートステイ）の場合は、短期入所生活介護計画書・短期入所療養介護計画書
・入所施設の場合は、個別援助計画書（施設サービス計画書と兼ねている場合もある）

≪通称：アセスメントシート≫
　各事業所における介護実践に必要な基本的な情報が整理されている。

≪通称：介護記録≫日々のサービス提供に係る記録
・介護日誌（経過記録・ケース記録・訪問日誌）～個々の利用者ごとの記録
・業務日誌　一日の事業所・施設（またはユニット）全体の状況（利用人数、職員体制、サービスごとの利用状況、特記事項等）
・各サービス内容ごとの個人記録　個人のバイタルチェック・食事・排泄・入浴等に関する記録　職員間の情報共有にも使われる。
・生活相談員・看護職員・リハビリ担当職員等の専門的な関わりにおける個人記録

≪介護の事情に対応した記録≫
・ヒヤリ・ハット報告書・介護事故報告書・苦情対応記録・主治医からの指示書・行事報告書
・家族からの連絡書類・サービス担当者会議の記録・事業所内のケース会議の記録・研修報告書　等

【引用・参考文献】
佐藤豊道「介護福祉のための記録15講」中央法規出版　1998

第 11 章

生活の中で利用者を理解すること
~ 考え方の枠組み

Ⅳ 仕事の思考方法

1．理解の前提 ～ アセスメントによる基本情報の確認

　まず、介護サービスを提供する上で必要な情報は、ケアプラン作成時のアセスメントや聞き取りによって利用者の生活状況や介護の必要性について情報資料として整理されています。また、具体的な介護サービスを利用する場合は、利用開始前に各事業ごとでサービスに必要な情報を更にアセスメントし確認されます。

　介護サービスを利用する上で必要な基本情報については、以下の項目のように個別資料として書面で整理されています。アセスメントシートは、日本介護福祉士会などによるひな形書式を用いている場合とそれぞれの介護現場で作成されたものを使用する場合など様々です。この章では、さらに利用者に対する理解を深め介護を行うための視座（見方）と考え方の枠組みについて整理していきます。

【フェイスシート情報】

氏名：性別：生年月日：住所：生活歴：家族の状況：住居の状況：緊急連絡先（キーパーソン）：（氏名）（住所）（電話番号）かかりつけの医療機関及び緊急医療機関：既往歴：要介護状態区分／障害程度等級：介護の状況：生活状況：健康状態（傷病名・症状）：その他の疾患：経済状況：平常時のバイタルサイン：服薬：認知症高齢者の日常生活自立度[※1]：障害高齢者の日常生活自立度（寝たきり度）[※2]：障害の状況（身体・認知機能・精神・麻痺等）：目標とする生活や意向・希望・目標　等

【提供サービスに必要な確認情報（アセスメント項目）】

利用する介護サービスに対する意向・要望・：日常生活の状況（歩行・動作・排泄・睡眠・会話・見る・食事・入浴・衣類の着脱・身だしなみ（清潔保持含む）・生活上の障害：運動：移動（交通機関含む）買い物：調理：対人関係：コミュニケーション力（方法や手段含め）：仕事や地域との関わり：栄養管理：余暇の過ごし方：家族関係と役割：生活に必要な福祉用具の利用状況（杖・歩行器等）これまでの介護サービス利用状況：趣味：生きがい：家族の要望・ニーズ：関係する他の専門機関（医療・リハ等）その他の関連サービス（独居の見守り支援・配食・友愛訪問等）社会的行為（近隣との付き合い等）住居環境と介護サービスとの関係（訪問介護に必要な他の情報など）：関節可動域：嚥下の状態：褥瘡の状態：寝返りや起き上がり：座位の保持（両足・片足）：尿意・便意：金銭管理：意思の伝達：認知の障害への配慮方法：意識・覚醒状態への配慮方法：失語：失行への配慮方法：発生の可能性が高い病態：医療連携上の配慮方法　等

※1　認知症高齢者の日常生活自立度については、第8章1を参照

※2　障害高齢者の日常生活自立度（寝たきり度）判定基準

生活自立	ランクJ	何らかの障害等を有するが、日常生活はほぼ自立しており独力で外出する 1．交通機関等を利用して外出する 2．隣近所へなら外出する
準寝たきり	ランクA	屋内での生活は概ね自立しているが、介助なしには外出しない 1．介助により外出し、日中はほとんどベッドから離れて生活する 2．外出の頻度が少なく、日中も寝たり起きたりの生活をしている
寝たきり	ランクB	屋内での生活は何らかの介助を要し、日中もベッド上での生活が主体であるが、座位を保つ 1．車いすに移乗し、食事、排泄はベッドから離れて行う 2．介助により車いすに移乗する
	ランクC	1日中ベッド上で過ごし、排泄、食事、着替において介助を要する 1．自力で寝返りをうつ 2．自力では寝返りもうたない

（平成3年11月18日 老健第102－2号 厚生省大臣官房老人保健福祉部長通知）

2．「人」と「関係性」に視座を据える理解の枠組み

　新人も徐々に仕事に慣れてくると、在宅サービスなどの場合直接の介護実践においてもより視野を広げ、在宅の生活状況を含めた利用者理解が必要になってきます。利用者の日常生活の状況や家族関係、地域での活動や関わりなども含めて理解しなければなりません。
　ここでは、まず生活の中で利用者を理解する上で役に立つ考え方の「枠組み」について整理します。1つ目は、本人、家族など特定の「人」に焦点を当て理解を図る考え方の枠組みです。2つ目は、本人、家族を取

り巻く様々な社会資源（人・もの・社会的なサービスなど）との相互の「関係性」に焦点を当て理解を図る枠組みです。

　近所でトラブルメーカーと思われている一人暮らし高齢者の坂井さん（仮名）がいます。坂井さんは、最近、近所の人に会うと喧嘩口調で苦情を被害妄想的に表現したりするそうです。自分の庭のものをもっていったのではないか、家に入ってお金を持っていったのではないかと言われた人もいるそうです。以前は、よく外出などして近隣の人とも気軽に挨拶したり自然な関係でしたが、前述のような近隣との関係が見られてからは、孤立した生活状況となってしまったようです。

　坂井さんは、精神的にも辛い状況であると考えられますし、認知の障害の影響なども懸念されます。坂井さんに対して何らかの支援を行う必要があるといえるでしょう。たとえば、地区の民生委員が訪問し、事情を確認したりするような初期段階の介入が行われ、事情を確認した上で必要な機関や家族との関係から解決方法を探り、本人と共に何らかの改善策を見つけ出して行くことも可能です。ここでは、具体的な対応を検討する前に、坂井さんの現状（近隣との不和や孤立した状況）の「原因」は、どこにあるのであろうか？という視点から考えていきます。

　一つの考え方として、近隣の人が迷惑してしまう坂井さんの言動に何らかの「原因」があるという見方ができます。別の考え方をすると近隣の人が坂井さんに対してとる怪訝な態度や関わりにも一つの「原因」があるという見方もできます。また、別のところに住む家族との関係が疎遠となり、精神状態に影響し別の「原因」も一端にあると考えることもできます。さらに、一人暮らしの高齢者に対する地域の働きかけや見守りなどの関わりが少ないことも「原因」として考えることができます。

　この例のように、どこに「原因」があるのかという捉え方や見方について考えてみると特定の視座というものがあることがお分かりでしょうか。

　その一つの考え方は、「特定の人」に原因があると考える見方です。

第 11 章　生活の中で利用者を理解すること

Ⅳ　仕事の思考方法

　坂井さん「自身」の心身に変化が起こり近隣との関係が不自然な交流となっているという見方です。不和が引き金となり精神的にも辛い孤独感や疎外感などを感じているかもしれません。認知の障害が進行し、自分自身の生活にも不自由を感じているかもしれません。

　一方、「近隣の人」の側に原因を考えた場合、坂井さんの認知の障害ゆえの少し不可解な言動を理解できずに接し方や態度が拒否的になっていることが不和関係の原因であると考える見方です。坂井さんに原因がある。もしくは、近隣の人に原因があるというように「特定の人」に原因を据え考える視座が存在します。

　次に別の視座から理解を図り「原因」を考える見方について考えてみます。坂井さんの事情を知っている自治会の人や民生委員の人が、近隣の人たちが戸惑い拒否的な関係でしか関わりをもてないでいる状況に介入できないことが不和関係の「原因」であるという考え方もできます。また、何らかの形で家族に連絡を取り、本人の状況や心身の状態を確認してもらい、近隣との関係や地域での生活状況を理解してもらうことが出来ていないことが「原因」であるという考え方も出来ます。また、少し視野を広げて自治体や地域の支援として一人暮らしの高齢者に対するボランティア資源が不足している。見守り支援や友愛訪問などの他者との関わりや気軽に相談できる場や機会が不足していることが「原因」であるという考え方ができます。

　この場合の「原因」を捉える視座は人と社会資源などの環境との「関係性」にあると考えているわけです。

　次に、この坂井さんへの具体的な支援を考えながらこの２つの視座に基づいた「原因」のもとでの具体的な解決を図っていく過程を考えていきます。

　１つ目の「人」に原因を設定した場合を考えてみます。色々な支援を考えることができますが、たとえば、福祉事務所、地域包括支援センターや社会福祉協議会などのソーシャルワーカーが連絡を取り、直接訪問し

て事情を聞いたり、本人の状態（認知の障害など）を確認し必要な支援につなぎます。家族にも連絡をとり、生活上の支援が必要な状態にあるのであれば介護保険サービスの利用を検討してもらうことなども可能でしょう。また通院して認知の障害を調べて確認してもらうような支援に結びつける対応も可能かもしれません。

　本人ではなく近隣の「人」に焦点を当てた場合は、苦情をもつ人のところに地区の民生委員や地区社会福祉協議会の人（ボランティア）が訪問し、どのような状況であるのかを事情を聞いて、近隣の人との関係を改善できるような提案や間を取りもつ支援を考える方法もあります。

　次に２つ目の本人と環境との相互の「関係性」に原因を設定した場合の対応方法について考えてみます。

　地域の自治会による懇親会や行事などに本人の参加を誘う。事前に本人の認知の状態について理解を図る相談を行い関係改善に向けた働きかけをもちかけ、間を取りもつ場を設定する方法も考えられます。また、地区社会福祉協議会に間に入ってもらい、傾聴ボランティアの人が定期的に訪問し、関わりをもち信頼関係をつくり、地域の人との関係が改善できるように働きかけていく方法も考えられます。

　ここで整理したような「人」に焦点を当てる考え方の枠組みと人と環境との相互の「関係性」に焦点を当てる考え方の枠組みは、二者択一で考える必要はありません。むしろ両方の考え方を合わせて利用者の理解を図ることのほうが常かもしれません。

　先ほどの例であれば、家族に連絡を取り、本人の認知症の有無や進行具合、生活状況の確認と本人への支持的支援、また地域の人との関係を改善できるような何らかの働きかけを同時に行うことも出来るはずです。

　新人職員は、利用者の生活を含めた個別ケアのあり方について理解を深めるために上記の２つの理解を図る考え方の枠組みを理解しておくと思考が整理しやすくなります。高齢者デイサービスにおける限られた場面や時間での関わりにおいても、その延長上にある生活全体を視野に入

れて介護サービスを提供する必要があります。今後、新人も実践経験を積み、介護業務の責任をもつ立場となり、生活相談員として個別ケアの計画書の作成を担当するようにもなるでしょう。

今後、利用者や家族の関係、地域生活との関係、施設や職員との関係性などの理解を図る際に必要なこの2つの考え方の枠組みを理解しておくと役に立つと思います。

テキストなどでは、このような考え方の枠組みを一般的に理論モデルと表現して整理しています。援助方法の理論モデルの場合、前者の考え方を「医学モデル」または「医療モデル」といいます。後者の考え方を「生活モデル」「社会モデル」といいます。繰り返しになりますが、この2つの考え方（理論モデル）は、どちらか一方だけを用いるのではなく、両方の考え方を必要に応じて用いるという理解で良いでしょう。

理論的な話になりましたので、もう少し別の例で補足説明します。まず「人」に焦点を当てる考え方です。ある人が腹痛で通院した際、いろいろな検査をして原因を突き止め、胃潰瘍が見つかったとします。ドクターが必要な治療の判断をし、様々な情報提供を行います。患者がその後の治療については、ドクターと相談し自らが判断します。同意に基づいてその後の治療が行われ結果として胃潰瘍が治癒した場合、大抵は、そこで治療が終了になります。ところが、その人はすぐにまた、胃潰瘍を再発してしまったとします。

人と環境との「関係性」の中にある原因は、不規則な食生活習慣や職場の人間関係のトラブル、残業過多、ストレスの多い職場の状況にあるとします。その場合はその社会生活上の「原因」（人と環境との関係性）を改善しなければ、通院して治療しても再発を繰り返してしまうことになりかねません。このように両方の考え方に基づき問題を理解し必要に応じて可能な対応を行って行かなければならないということです。

この考え方の枠組みに基づいて一見不可解な言動にも思える認知症高齢者の行動を理解することに置き換えて考えることもできます。

Ⅳ 仕事の思考方法

本人の障害ゆえに示す固有の「言動」と周りの人や介護職員の不適切な「関わり」によって表れる言動について考えてみます。本人の認知の中核症状によって、状況が分からなくなったり、やるべき行動が分からなくなったりすることは、本人に分かりやすい状況設定や丁寧な対応が求められます。しかし、仮に周りの職員の不理解から本人の状況の不安や混乱に対して適切な対応が行われず、余計に不安が募り、極端な言動がみられる場合を考えてみます。原因は「本人」ではなく、「職員」の対応や配慮できる状況設定や環境などとの「関係性」にあります。原因が異なれば、解決する対応方法も異なります。

　「本人」に起因することに焦点を当てる見方と、「関係性」に起因することに焦点を当てる見方を、「考え方の枠組み」として認識しておくと様々な検討に役立ちます。

3．その人なりの「物語（意味づけられた語り）」を認識する考え方

　利用者の理解を図る上で、別の理論的な視座に基づく思考の枠組みについて、考えてみたいと思います。「世界は、言語でつくられる」または、「現実は人々の間で構成される」という考え方があります。平たく言うと本人が認識している独自の物語は、その人にとっての語られた「事実」であり「現実世界」であるという考え方です。物事は、どのように解釈するのかによって、同じ出来事でも異なる解釈ができます。その利用者を取り巻く生活状況や様々な人や環境との関わりにおいて、それを本人がどのように解釈しているのかということをまずは、しっかりと認識する必要があります。その上で支援者がどのように、その「物語」を受け止めることができるのかということでもあります。その際、本人のもって

IV 仕事の思考方法

いる「物語」を無条件に尊重し理解することが前提になります。

　支援者が勝手に「物語」を変えてはいけないという言い方もできるかもしれません。ここで言う「物語」とは、本人によって意味づけられた語りであり、本人が物事や出来事などを解釈し表現している現実や事実のことです。高齢者の人は、戦争時代の話や過去の思い出話をよくされます。戦争体験一つでも、たとえば自分は、とても辛いことばかりだった。と表現された場合は、そのことが利用者にとっての現実の「戦争体験」であり、そのままその「物語」の理解を図ることが重要であると言うことです。戦争体験だけでも、人それぞれの解釈があり、今の例とは異なる感慨や体験を表現される人も当然いるでしょう。

　利用者の生活環境も様々ですし、生活観や人生観、宗教観なども人様々です。その人に取って意義のある本人のもつ「物語」によく耳を傾け理解を図ることが重要であると考える思考の枠組みです。

　次にもう少し本人のもつ「物語」の理解と介護との関係を考えてみます。最近、高齢者を取り巻く社会問題として深刻化している特殊詐欺の問題があります。電話口で自分の子どもだと勘違いし、差し迫った嘘の事情を真に受けてしまい、待ち合わせ場所で、代理人にお金を渡してしまった。というような被害が増えています。

　不幸にも被害に遭ってしまった場合、たとえば、自分がだまされてしまったのだから仕方がない。とか、だまされた自分に落ち度があったと自分を責め続けている辛い状況があるとします。その場合は、本人の解釈している「物語」は、悲観的であり、自責の念を募らせてしまうような解釈になっています。介護者がその話を聞いたとします。まずは、本人の「物語」に耳を傾けます。それは、辛い気持ちをしっかり受け止めることでもあります。また、その辛い気持ちをしっかり表現してもらうことでもあります。さらに、夜も眠れない心情があるということも分かってきたとします。

　次に、一歩支援を進めて考えていきます。そこで、解決を図れるよう

な積極的な働きかけについて可能性を考えてみます。本人の詐欺被害にあった体験の「物語」は、本人が別の「物語」として再構成することもできます。たとえば、詐欺に遭ってしまったのは、たとえ本人でなくとも誰もがだまされてしまうような巧妙な手口であり、本人の責任ではないという自己の被害状況に関する別の「物語」として解釈することもできます。また、警察への届けや対応も行っているので犯人が確認される可能性もあると考える。この場合、たとえ被害状況は変わらなくとも、気持ちを理解してもらえたことで、気が楽になり、気持ちを切り替えて前向きな生活に戻れるかもしれません。

　本人のもっている「物語」を別の視点から解釈することで、別の「物語」として、本人が再構成できるよう支援的に対応することも可能です。このことは、単に支援者の考え方を押しつけて説得するというような支援とは異なります。

　あくまでも本人の解釈している「物語」を自分の解釈として悲観的にならずに別の「物語」として本人が描き直すということです。

　高齢者の尊厳を守り自己実現を支援することは、高齢者介護における基本の理念でもあります。高齢者一人ひとりがもつ自己実現の「物語」を介護職員がどのように受け止める必要があるのかという観点から重ね合わせ考えてみます。高齢者が、どのように考え生を全うする意思をもち過ごしているのか。または、今後の人生や生活をどのように過ごしていきたいと考えているのかという独自の「物語」をもっています。本人が生活上の困難な局面や課題に直面し、介護者として、本人や家族と一緒にその「物語」を考えて行く場合もあるでしょう。そこでは、場合によっては、悲観的な「物語」を前向きに再構成する新たな「物語」に作り直すお手伝いができる場合もあるはずです。たとえば、本人は、住み慣れた家や地域との関わりを続けたいと思っています。しかし、家族の事情や本人の心身の事情などにより、施設などに移り住まなければならないという場合が少なからず存在します。

そこでは、介護施設の職員として、その高齢者とどのように向き合う必要があるのかということでもあります。本人の「物語」に耳を傾け、その上で、施設で暮らさなければならなくなった今の現実とともに介護や生活の支援を行います。そこでの生活が、再構成される前向きな新たな「物語」となり得るかどうかに関して介護職員が大きく関与しているということでもあります。

【引用・参考文献】
岡本民夫監修、久保紘章、佐藤豊道、川延宗之編著『社会福祉援助技術論（上）』川島書店 2004
野口裕二『物語としてのケア・ナラティヴ・アプローチの世界へ』医学書院 2002
シーラ・マクナミー、ケネス・J・ガーゲン編、野口裕二、野村直樹訳『ナラティブ・セラピー社会構成主義の実践』金剛出版 1997
マイケル・ホワイト、デビット・エプストン、小森康永訳『物語としての家族』金剛出版 1992
トリシャ・グリーンハル、ブライアン・ハーウイック、斎藤清二、山本和利、岸本寛史『ナラティヴ・ベイスト・メディスン―臨床における物語と対話』金剛出版 2001

学びを深める

ストレングス「強さ」を活かす介護

　履歴書などでよく自分の短所・長所というような自己紹介の基礎資料として使われる表現があります。
　ストレングスとは、人々はみな強さと弱さをもっています。その人のもつStrength（強さ）、Weakness（弱さ）に着目し、「強さ」を伸ばすことをケアに生かしていく考え方です。高齢者が介護サービスを利用する際にはアセスメントを行い、援助課題を整理していきます。その際に「強さ」に注目し援助課題として取り組んでいこうとすることです。高齢者の場合に限りませんが、本人や家族ができなくなったことに焦点を当てるよりも、好きなことや今できることを少しでも続けていけるように「強さ」の部分を支援していくことがポイントです。これまで習慣としてきた生活の楽しみや趣味の活動を活かす、人との関係で自信を回復してもらう等のプランを本人と一緒に援助課題を考えていきます。今は心身の状態や気持ち等の変化からできなくなっている活動を何らかの支援で可能にするという援助課題は「強さ」に注目しています。たとえば、以前から展覧会で絵画の鑑賞が趣味であったという情報が仮にあれば、その「強さ」を生かし、創作活動のような今までは経験したことのないことでも、興味や関心をもってもらい楽しみにしてもらいたいという場合もあります。

　その人の「強さ」に注目する場合、もう一つの考え方があります。その人の「弱さ」と思える個性を「強さ」と見直して考える視点です。たとえば、認知症が進行してきている人が、他の利用者の人に対して一方的にいわゆる「おせっかいを焼いてしまう」という状況を考えます。周りの人たちが眉をしかめてしまうようなその人の言動ですが、これは「弱さ」として見るのではなく「他人の面倒が見られる」という「強さ」として捉えることもできます。他の人が迷惑しないように職員が状況を整えて、適切な方法で他の人との関わりをもっていれば、面倒見の良い「強さ」の言動になります。介護の支援を通して見方を変えると、その人の「弱さ」を「強さ」に変えることも可能なのです。そのためには、介護職側の考え方も常に「強さ」に注目する支援の在り方を意識しながら仕事を行うことで可能になります。

【引用・参考文献】
白澤政和編著『ストレングスモデルのケアマネジメント』ミネルヴァ書房 2009

V 来たるべきリスクへの備え

第 12 章

ストレスと
上手に付き合う方法

　慣れない職場での心労は、入職間もない時期においては、誰もが経験し、早く自己でコントロールしていかなければ積み重ってしまいます。前章で整理したように、利用者の介護サービスでは、一人ひとりの身体の状態や生活上の支援の必要性、その人に必要な身体介助や精神的な支え方等々覚えて理解しなければなりません。それだけでも新人には、かなりの心労になるかもしれません。

　そこに感情の波風が立ち人間関係の小トラブルが頻発して、その上身体疲労（腰痛等も）が重なると、精神的、肉体的にストレス過重の状態になってしまいます。さらに、そのような心労が増した状態の時には、往々にしてヒヤリ・ハットに至る状況や介護事故などの不注意を招いてしまう場合も可能性としては起こりえます。

　本来、ストレスのない職場や仕事はないのかもしれません。ストレスが重苦しいストレスとならずに、転職等による再出発が自己研鑽のための良い刺激や試練だと受け止められればいいでしょう。また、気分転換

第12章　ストレスと上手に付き合う方法

を図るなどして気持ちを切り替えることで、心のコントロールができれば問題ありません。しかし、「過重なストレスをためない仕事の仕方を身につけ、仕事自体を通して心の余裕を持てる状態にする」という根本的な解決を図らなければ仕事を続けることが難しくなることもあります。

ここでは、他章で整理したように新人指導の仕組みの中で適切に指導を受け、早く仕事を覚えていく方法と重ね合わせながら同僚や上司との関係を良好に保つ方法について、整理してみたいと思います。

1．「不注意の連鎖」に陥らない

まず、同僚との関係について考えていきます。職員は、皆日々の仕事においては、刻々と変化する人間相手の介護サービスでは気を抜けません。その日に関わりをもつ利用者の心身の状況変化に応じた配慮や介護を注意深く行わなければなりません。

たとえば、利用者の身体介助で、その人の身体状態を判断したリハビリ担当職員からの大切な情報が伝わらなかったとします。そのため介護職員がトイレ介助の際に臀部を支えるなどの配慮すべきことが出来なかった。幸い、転倒などに至らずにすんだものの、これは、状況によっては介護事故に繋がりかねないヒヤリ・ハットな状況です。

担当した介護職員は、後から引き継ぎ記録等に書き忘れた別の職員がいたことを知ります。仮に書き忘れた職員が新人であれば、新人担当職員から注意を受けることになります。

状況によっては、書き忘れた職員に対して、とても厳しい叱責口調で反省を求める同僚職員がいるかもしれません。職員間で同様な連携ミスが続いており、日頃から不満が募っている職場では新人に対して冷徹な態度で注意指摘するかもしれません。そのようなぎくしゃくした同僚と

Ⅴ　来たるべきリスクへの備え

の関係性が恒常化している職場では、誰でも過重なストレスの針が振れてしまいます。

　介護の仕事において、職員間の連携の気まずさが、利用者への対応の不注意へと繋がっていきます。

　この例のように介護場面において同僚間の仕事上の不注意な対応に繋がる場合など、職員の不適切な仕事の仕方が連携する他の職員の不注意な対応へと連鎖してしまう場合が多いのです。職員それぞれがお互いに信頼できる関係性を築くためには、個別ケア対応に必要な情報を適切に伝え合うことがまず重要になります。

　一般的には、その日の共有情報を記録する台帳あるいはノートのようなツールがあり、必要に応じて各職員が書き込み、それぞれがその記録内容を確認し利用している人との関わりに不備がないようにします。しかし、職員も日々の流れの中で、ゆっくりと頻繁にその記録を確認できない場合もあります。急いでいる場合や重要な引き継ぎ用件は、すぐにでも対応者に口頭で知らせなければなりません。

　たとえばデイサービスでの朝の送迎担当者が家族から家での足の打撲といった本人情報を聞いた場合は、午前中の入浴する前に入浴担当者や看護職員に伝えて置かなければ、様子や状態の確認ができなくなります。新人の場合は、まずこの引き継ぎ用の共有記録を意識的に何度も確認することが必要でしょう。覚えきれない場合は、携帯メモ用紙などを使い、自分用の記録メモを書き、確認しながらそれぞれの利用者に合わせて確認し活用する方が良いでしょう。

　また、新人の場合は、入浴介助の際など、同僚と協働で行う場面になりますので、引き継ぎ用の記録に記されていた情報や配慮の視点などを口頭で先輩職員に確認しながら行うと良いでしょう。

　新人が共有記録に書かれていたことを、よく理解できない場合もあります。まれに勘違いして理解している場合もあります。

　たとえば、「朝、自宅でトイレ後に転倒されましたので注意して確認し

てください」と記録に書かれていました。それを読んだ新人は、脱衣の際に打撲の痕をよく見て確認する必要があると解釈します。そこで、一緒にいた同僚に再度、共有記録のことを確認すれば、打撲後の足の運びや痛みの様子、そして何よりも浴室内での歩行状態への観察が必要であると教えてもらえるわけです。着脱の際などに本人が痛みを感じているような場合は、看護職員への速やかな連絡を行い、医療的な観点から対応や介助方法のアドバイスをもらいます。

　また、家で転倒などの事故に遭い、足を打撲している場合などは、本人が転倒のことをどのように受け止めているのかを入浴とは別の場面で確認することも必要です。「足の打撲も家族に心配をかけるのが嫌だから我慢していたけど実はまだ、痛いのよね」という話を聞く場合もあります。そのような話を聞いた時は、また引き継ぎのための記録をしておかなければなりません。口頭伝達や記録内容が、生活相談員から担当ケアマネジャーや家族へとつながり、場合によっては通院検査が必要である、経過観察が必要であるという場合もあります。

　新人が共有すべき情報を的確に理解できず勘違いしたままであれば、情報が共有されたということにはなりません。共有記録を見て自分で判断するだけでなく、その判断の正否や必要な対応や配慮がどのようなことであるのかを同僚職員に再確認する必要があります。

　新人は、このように同僚職員との良好な関係を形成するためにも、仕事上での連携に欠かせない「情報」の共有に心がけることが大切です。

　再びデイサービスの送迎の場面です。朝の送迎時に家族から「便通の状態を知らせてほしい」と連絡を受けていたとします。引き継ぎ共有記録に書いてあったので看護職員が体調を確認し、また介護職員間で連携してトイレ介助にて排便状況をその都度確認することができます。

　その後、家族用の連絡帳にもその旨記載され伝達されます。さらに帰りの送迎時にも家族に直接、排便状況を口頭で伝えることができます。利用者の排便状況に関する情報は全員で確認し共有していなければ、この

第12章　ストレスと上手に付き合う方法

Ⅴ　来たるべきリスクへの備え

ような対応はできません。

　職員の誰かがそれらの共有情報を確認できていない、もしくは、伝えることができなかったというような事態になると前述のような「不注意の連鎖」が起きてしまいます。どうすれば、この不注意連鎖を避けることができるでしょうか。先ほどの例のように、新人が同じ入浴担当者の同僚に共有記録のことを再度口頭で確認できたことで、自分の勘違いに気づき、適切な対応ができました。介護職員の業務の中で、たとえ一度、共有情報を確認できていたとしても、不注意やうっかりしてしまうことはあり得ます。新人は、何度でもその状況にでは、先輩職員に配慮の視点等を念押して確認したり、共有情報を口頭で再確認する習慣をつけた方が良いでしょう。

　また、同僚職員が忙しくて共有記録を確認できていない場合などもあり得ます。記録者が必要に応じて書いた時間にもよりますが、それぞれの職員が日に何度も頻繁に共有記録を確認できるわけではないからです。その場合、新人でなくとも、たとえば入浴担当者同士で対応が必要な人の情報確認に漏れがないか疎通をはかるやりとりも重要になります。新人が自分のメモを同僚に確認することで相手の同僚も同様に自分の仕事上の確認をすることに繋がります。重苦しいストレスの一因でもある同僚との人間関係のトラブルの多くは、このように仕事の仕方や対応上の不手際に関係したコミュニケーション不足が関係しています。

　この「不注意の連鎖」を引き起こさないように心がけ、新人として具体的な対策を立てておくことが大切です。

2．「心の解放連鎖」を築く

　利用者との関わりが介護業務の基本であることは言うに及びません。

第12章　ストレスと上手に付き合う方法

V　来たるべきリスクへの備え

　利用者の心の変化や気持ちの変化に添いながら話をしたり、介護を行うわけですから、介護者の共感や感情移入によって心の変化が大きく他者に影響を受ける仕事でもあります。よく介護の仕事が感情労働だといわれることがあります。人間相手の仕事であれば、同様でしょうが、介護の仕事の場合は、常に健康で元気な利用者ばかりではありません。その分、介護者の心も振幅が大きいのかもしれません。入所施設の場合は、情の通い合った利用者が天寿を全うされたり、急病で亡くなることもあるわけです。介護職員が、仕事を通して心や感情のバランスを常に自覚し自分自身の精神的な安定を維持できるよう自覚する必要があります。心の安定した状態で介護の仕事を続けていくためには、利用者との関わり以外の要因で精神的なストレスがかかる状況が増えると心の状態はすぐに崩れ、心身共に疲弊してしまいます。

　特に職場内での職員間での人間関係のトラブルと身体疲労は、そのような過重なストレスになりますので、注意が必要です。

　先ほどの新人指導の仕組みの中で仕事の仕方を工夫し「不注意からくる連鎖」を起こさないように人間関係を良好に保つ方法について触れました。次に、仕事上の不注意を防ぐことからもう一歩進んで、人間関係を積極的に良好に築く方法について考えてみます。現場では、たいていの場合、必要な介護場面において甲斐甲斐しく利用者の気持ちに添いながら次々と各自の業務対応を行っています。

　新人のうちは、自分の与えられた業務をこなすことに精一杯で心の余裕などもてない状況かもしれませんが、仕事に慣れてくると周りの状況が見えてきます。そうすると他の職員の仕事状況や利用者との対応状況なども見えてきます。介護の仕事は、その時々の利用者との関わりで、急に介助が必要な場面など突発的な変化に富んだ状況が存在します。人間の生活する全ての場面での関わりが仕事なのですから当たり前なのですが、その対応状況において職員がお互いに協力しながら連携しなければなりません。

入浴介助の際に2人の職員で着脱や誘導の担当を行っているとします。それが新人と先輩職員だとすると、新人が利用者の着脱や見守りを丁寧に介助し、先輩職員がその状況を確認しながら、浴室内の担当者と連携しながら次に入浴を案内する人を決め、フロアーの職員に知らせ、その利用者を脱衣場に案内します。

　また、浴後の利用者を逆に整髪担当者との連携でお願いしたり、フロアーの席に同行介助したりします。その先輩職員は、そのような入浴前後の誘導や介助だけではなく、必要に応じて個別の着脱介助も行わなければなりません。

　そのような状況で新人は仕事を行っていますが、ときには先輩職員の状況を確認し自分が先輩職員に替わって誘導の対応をすることも必要となります。先輩職員が個人の着脱介助に付ききりになると全体の誘導や浴室内の担当者との連携に支障が生じてしまいますので、自分がその役を替わる。もしくは、先輩職員が対応している個別の介助を替わって担うという具合に状況に応じた連携が必要になります。

　新人は自分の役割を理解しながらも、他の職員状況の変化に応じて自らの仕事の仕方や対応を行わなければなりません。しかし、新人は分相応の関わりしかできませんので、無理をする必要はありません。その際、どの様に他の職員に協力して「手伝う」ことができるのか考えることが仕事を通した人間関係を良好に保つために重要になります。

　このような2人で連携して仕事を行っている場合ばかりではなく、たとえば、デイサービスなどで、急にトイレ中の利用者から呼び出しのベルが鳴った場合に、今トイレに駆けつけられる職員は誰なのかその場にいる職員間で判断して対応する訳です。場合によっては、全員が何らかの役割を担って業務や対応を行っている場合もあります。もし、新人が、その時フロアで別の利用者と話をしていたとすれば、利用者に即座に伝え自分がトイレに駆けつけるという行動を起こさなければならない場合もあります。また、先輩職員が見守り歩行を行っている場合なら自分が

歩行介助を代わり、先輩職員がトイレに駆けつけられるように連携対応しなければなりません。トイレ介助などの場合は、呼び出した利用者の性別によっても対応可能な職員の状況も変わりますので、そのような判断や連携を即座に行わなければなりません。

　これまでの例のように、差し迫った場面での連携以外にも他の職員が何か業務や利用者対応している状況を新人が交替して対応した方がよい場面は多くあります。職員間で状況に応じた交替連携することや他の職員の業務が忙しいなどの場面で「適切な手伝い」ができるようになると、仕事上で人間関係の軋轢やストレスをつくらないで済むでしょう。とかく職場の人間関係というと相性が悪いなどという感情面からの関係性を思い浮かべてしまいがちですが、介護現場の人間関係のトラブルはこのような仕事上のスムーズな連携ができないなどの具体的な仕事上の不手際やトラブルに起因している場合も少なくありません。

　常にスムーズな職員間の連携が求められる介護現場のもつ特殊状況も視野に入れ、余計なストレスを減らし、職員間の「心の解放連鎖」につながるような良好な人間関係を築くことも新人の内に心がけておくことも大切です。

3．立場が変化する関係を理解する

　適切に職員間で連携を行うための方法について述べましたが次にもう少し踏み込んで上司や職員間の連携について整理してみたいと思います。上司との関係において、一般的には、「ほう・れん・そう」（報告・連絡・相談）が大切であると表現されますが、それをどのように上司を含めた職員との関係で行うのかを考えます。介護現場においては、上司とはどのような立場の人でしょう。入所施設や介護事業所の場合、直接介護の

現場では中間管理職の主任という役職者が現場のリーダーとなり、スーパーバイザーの役割を果たしていることが多い状況です。

新人の場合、直接利用者との関わりや介護技術を教えてもらう新人担当者やユニットケアの施設ではユニットのケアリーダーから指導を受けます。

また、一緒に介護を医療面から支える看護師からも指導を受けます。同様に個別機能訓練を担当している理学療法士や作業療法士からも利用者の身体などの機能に関する専門職として具体的な介助方法などについて指導を受けます。

介護の現場は他職種の専門職が連携を図りながら働いていますので、組織の中では複数の職種別の上司が存在します。かといって明確に縦系列の組織が並列に存在しているわけではありません。個別ケアの介護場面では対等に横のつながりの中で連携を行っています。

新人の時期から徐々に現場の中で仕事を任せられるようになると、「ほう・れん・そう」が仕事上の重要なコミュニケーションになります。

また円滑な連携業務を行う上で自ら主体的にその状況における先輩もしくは上司と関わりを取らなければなりません。次々に新た業務を覚えて行かなければならない状況も増えていきます。その際、新人指導を受ける組織的な仕組みの中で、今確認しなければならない事項は、「一体、誰に聞けば良いのか」「どのように上司に対し確認しなければならないのか」ということを主体的に判断しなければなりません。

新人と新人担当者とのやり取りでは、新人指導のスーパービジョンを通して分かりやすく進められますが、ある程度、一人前になると本人の主体性に任せられる状況に移行していきます。これは、仕事を覚えていくためには先輩や上司に「ほう・れん・そう」の行為を通して自覚的に学びを深めて行くことが求められます。

新人指導の期間は、新人の実践理解の程度や業務遂行の状況が研修記録内容や口頭での報告を通して新人担当者から主任職（中間管理職）そ

して管理者へと伝わります。また、それらの新人の仕事ぶりや業務遂行に関する情報は、その都度、新人担当者から他の同僚へ連絡・相談が行われ、必要に応じて主任職や管理者に相談・報告等が行われます。

新人指導期間が終わると新人担当者とのスーパービジョンの関係から、主任職などとの関係に変わっていくのが一般的です。研修記録も書かなくなりますし、毎日の反省の時間などもなくなります。ですので、必要に応じて自ら判断し、横系列の同僚と縦系列の上司へ報告・連絡・相談を行っていかなければなりません。この本の始めに、まず新人指導の仕組みを理解することの重要性について整理しました。それは新人として早く仕事を覚え有効に学びを深めるためでもありましたが、組織の中で自らの立場を早く理解し、適切に職員との関係を築きその関わり方を理解することにも通ずることです。

徐々に独り立ちする状況になっても新たに仕事を覚えたり、個別ケアの学びを継続する立場であることに変わりがありません。より実践的な気づきや理解を深めるために先輩、他の専門職や主任職などの上司に対して積極的に「アドバイスを引き出せる」ような報告や相談を行っていく関わり方を継続することも大切です。

ここまでは、職員間の人間関係に焦点を当ててきましたが、家族との関わりにおける関係形成についても、先輩職員との関係と同様の状況が存在します。訪問介護サービスの場合以外にもデイサービスやショートステイサービスでは、送迎時にその都度、家族と関わりをもつことになります。

利用者同様に必要な連絡や報告、場合によっては、相談を適切に行わなければなりません。たとえば、朝の迎えの時点で、利用者本人に対して、利用中の状況確認を依頼された場合には、送りの際に口頭で必ず伝えなければなりません。何か特定の身体状況の確認であっても、その日の利用状況に関する他の様子も付加し伝えるほうが家族は安心するはずです。日頃から、そのように密に連絡や報告を行うことで家族が職員に

対して信頼感をもってもらえますので良好な関係が築けます。介護事業所において、企画した外出行事や費用負担が必要な活動などは書面や生活相談員などを通して相談を行うのですが、新人の場合も送迎時に関連した追加情報を伝えるなどの報告を行います。このように常に必要な連絡や報告、相談などを的確に行うことが良い人間関係を築く基本になります。

　家族の方も職員に対し安心できる関係にあると、話がしやすくなりますし、本人のサービスに関連する意向や貴重な意見なども話してもらえるようになります。

　日頃から、このように率直に介護サービスに対する意見や考えを表現してもらえる関係づくりも重要です。そのような意思疎通のスムーズな関係があれば、何か不注意な状況や万が一の介護事故の際にも誠意をもって正確な連絡や冷静な対応を行うこともできますし、余計な不信感をもたれたり、誤解が生じるようなことがなく対応してもらえるはずです。

第 12 章　ストレスと上手に付き合う方法

Ⅴ　来たるべきリスクへの備え

学びを深める

セルフ・ヘルプ・グループのもつ役割

　セルフ・ヘルプ・グループ（Self Help Group）とは、なんらかの問題・課題を抱えている本人や家族自身のグループです。したがって、「当事者であること」がまず最大の特徴であり、重要な意味をもっています。また、自発的に結成された相互援助と多面的な目的を共有するグループでもあります。以下は「認知症の人と家族の会」が介護家族の立場から見た家族支援のあり方に関する調査報告書からセルフ・ヘルプ・グループのもつ役割に注目し抜粋させて頂いています。

アンケート調査項目の中の〔所属している会に入会して良かったと思うこと〕のまとめから

　「情報・知識・アドバイスが得られる」という介護の助けから「自己成長」「誰かに貢献できる」といった自己実現に至るなど、13 のカテゴリー＊に分類できた。中でも「同じ介護に苦労する仲間の話を聞き、自分だけが大変なのではない、頑張ろうと思える」と答えた者が最も多く、何でも話せる仲間がいるということ、仲間の苦労を知り孤独感が軽減されることは、家族にとって重要であり、社会的な制度やサービスでは得られ難く、ピアサポートという形であることから奏功していることが明確に示された。つどいの場をうまくサポートする世話人の果たす役割は大きく、介護が終わった後に世話人となって介護中の人の役に立ちたいと考える介護者もいることは、このような当事者同士の支え合いが、専門職による支援とは別の意味で、介護を行い、日々の暮らしや人生を生きていく上で重要であることは明らかである。また、リフレッシュ旅行などの催しが、介護者にとって休養や気持ちの切り替えの場になっていることから、介護自体の支援以外に、介護する家族に対する支援が必要であることも明らかになった。

　上記の調査まとめからも分かるように、当事者間の相互支援における独自の関係性があり、重要な社会資源であることを、介護職員は認識しておかなければなりません。

　　＊：13 のカテゴリー【情報・知識】【優しく接してもらえる】【アドバイスが得られる】【本音で話せる】【孤独感の軽減】【仲間との交流】【自己成長】【誰かに貢献できる】【気分転換】【会報の効果】【国への提言ができる】【本人が楽しめる】【心のよりどころ】

【引用・参考文献】
『認知症の介護家族が求める家族支援の在り方研究事業報告書』〜介護家族の立場から見た家族支援のあり方に関するアンケートより　公益社団法人　認知症の人と家族の会　2012 年

第 13 章
自己のリスクと向き合う方法

　独立行政法人国民生活センターが 2003 年から 5 年間の高齢者の家庭内事故の状況について調査を行っています。それによると、65 歳以上の高齢者の家庭内におけるけがの内容で多いのは、打撲傷・挫傷・刺傷・切り傷、骨折・やけどの順になっています。特に骨折は 20 歳以上 65 歳未満の件数の 2 倍以上です。治療に長期間を要する重いけがでは骨折が 1 位になっています。様々な事故のきっかけは、転倒と転落を合わせた割合が 6 割近くで、年齢が上がるにつれて多くなっています。階段や屋根などの高いところからの転落もありますが、立ち上がったり普通に床を歩いての転倒が多いのが特徴となっています。介護の現場においても、高齢者を対象とした対応において、このような介護事故が起こりえる可能性があります。どんなに注意深く個別ケアを実践していても一人ひとりの利用者に張り付くように見守り、対応することは難しい状況だからです。
　それぞれの介護保険サービスを提供する介護事業所や入所施設におい

ては、転倒などの介護事故を未然に防ぎ、安心安全なサービスを提供していくことが使命でもあります。そのような介護事故に備えた組織的な対応や職員チームでの対応の方法については後の章で整理します。

　ここでは、新人自身が心がけることに焦点を当て介護事故に備える方法についてはじめに整理します。新人は、個別の介護方法や技術が未熟な状況であることは否めません。未熟な介護対応に危険性が高いとも言えますが、新人に対しては職場での指導や配慮を通して不適切な対応にならないようにしています。

　しかし、新人自身の不注意から起きる介護事故の可能性もありえることを心に留めておかなければなりません。万が一、自分の不注意から介護事故が起きてしまった場合は、利用者本人や家族への正確な情報伝達や謝罪と共に誠意をもった対応を行うことが最も重要であるのは言うまでもありません。

1．「ヒヤリ・ハット」報告は、なぜ必要？

　新人として、介護事故に備えるためには、どのようなことを心がけておくことが重要でしょうか。多くの介護現場では、事故には至らなかったけれど、不注意に気がつかずにいれば事故に繋がっていたであろうという場面が少なからず存在します。このようなヒヤリとした、ハットした介護場面において「ヒヤリ・ハット」報告という形で特定の書式を作り、職員チーム間で情報を共有しています。

　それは、1つに同じような事故に繋がるような介護状況が他の場面でも起こり得ますので、お互いに気をつけて対応するための予防的意味もあります。同じ事象として繰り返さないよう予防対応として職員間で更なる検討に繋げておかなければなりません。予防策として検討するため

には、ヒヤリ・ハット場面が、どうして起きてしまったのかという「原因」をまず整理しておかなければなりません。原因となる状況は、職員の不注意だけとはかぎません。利用者の状態にいつもと違う様子が見られたため、近くの職員がその様子に気づくことができたことで転倒せずに済んだという場合などもあります。その場合などは、変化に気づいた時点で、即座に職員間で情報を共有し見守りや介助体制を見直す対応を図っていかなければなりません。また、看護職員にも身体状態の確認を依頼し、ご家族にも連絡帳で伝え、必要であれば上司から担当のケアマネジャーにも身体状態を連絡した方が良いという場合もあります。帰宅後も家での転倒の危険性がある場合などがそうです。

　もう少し詳しくヒヤリ・ハット報告後の対応を考えてみます。「田辺（仮名）さんが、手荷物を心配して、椅子の背もたれの後ろ側に置いてしまい、その荷物のせいで座った時に座面の３分の１程度しかお尻が乗らない状態になっていました。転倒の危険があるので、本人にお伝えし、荷物をお預かりして所定の棚の方に置かせて頂きました」。

　このような場合、田辺さんは軽度の認知症の人で、すぐに先ほどのことを忘れ、ついうっかりまた手荷物を棚から持参し背もたれのところに置いてしまう人です。浅く腰掛けてお尻を滑らせてしまうと転倒の事故になる可能性がありますので、対応が必要な状況です。幸いその時は、見守りを続け転倒には到らなかったとしても、次の利用の際に備えて対応していた職員がヒヤリ・ハット報告を行いました。

　そのヒヤリ・ハット報告内容を職員間で確認し、田辺さんに対して、今後どのような対応が必要であるのか検討しました。そこでは、科学の「ものさし」のアセスメントを使って、田辺さんが手荷物をもってきてしまうのは、なぜなのか「原因」を考えました。

　手荷物を棚に置いておくと無くなるのではないかと心配になり、手元に置いておきたい気持ちが原因である。という仮説を立て、具体的な対応方法を整理しました。「本人の気持ちが最優先なので、荷物を棚には置

かず、別の形で手荷物を席の近くに置けるように配慮するほうが良いのではないだろうか」と職員間で今後の対応を決めました。そして次の利用日の朝、本人が納得するよう話をして椅子の背もたれには荷物を置かないようお願いするといった流れになります。このように、「ヒヤリ・ハット」の状況を報告することで、その後の予防対応が職員間で検討され具体的な対応として実行されます。

　ヒヤリ・ハット報告は、ある意味、何とか「未然に介護事故を防ぐことができた」という大切な情報であるということです。単に職員の不注意のせいでという「気持ちの問題」として済ませる訳にはいきません。たとえ、職員の個人的な不注意による対応が原因だとしても何故、不注意となってしまったのか、具体的な予防対応の方法を職員間で検討しておかなければ、いずれ同様の介護事故が起きる可能性が高くなります。

2．「ヒヤリ・ハット」を報告するためらい

　新人として、自分の不注意から「ヒヤリ・ハット」の対応を経験した場合にその体験をどのように受け止めることができるのかが重要になります。前述のように、「ヒヤリ・ハット」の場面は、何とか未然に事故を防ぐことが出来たのですが、その後の対応に重要な意味をもっています。仮に自分の不注意だったとしても、他の人も同じような不注意な介護を行ってしまう危険性もあります。職員間で情報を共有し、お互いに注意を喚起し具体的な予防対応を行っておくことが重要だからです。また、予防対応について職員間で検討し情報を共有する作業を通して先輩から適切な介護方法などのアドバイスをもらえる機会でもあります。

　そのような場で、先輩職員から新人を気遣い、過去に経験した同じような「ヒヤリ・ハット」の状況や具体的な対応方法などを情報提供して

もらえると気も楽になるはずです。
　とかく新人の場合、自分の不注意から「ヒヤリ・ハット」を経験すると失意や失敗感を強く感じてしまいます。介護の技術が未熟な自分の責任として受け止めることは当然必要ですが、そこで単に自分だけの問題ではなく、他の人にも重要な情報でもあるという認識が大切になります。
　新人の介護技術が未熟ゆえに「ヒヤリ・ハット」報告に繋がったとしても、新人に対して今後どのような介護技術の指導や習得が必要であるのかを予防策の検討を通して考えていく必要があります。また先輩職員が日々の業務での指導や配慮が必要であるのかを考える機会にもなります。
　新人が「ヒヤリ・ハット」の経験を通して、介護の大切な視点や技術習得度や自己課題を再認識する前向きな勉強の機会であると受け止めていくことが大切です。
　「ヒヤリ・ハット」は、必ずしも個人的な対応の未熟さが原因であるわけではありませんが、「ヒヤリ・ハット」状況は、誰もが少なからず経験しなければならない試練ともいえましょう。その経験を機に改めて自己の専門的な技術の自己研鑽に励み専門的な「プロ」となれるよう前向きに気持ちを切り替えていくべきだと思います。「ヒヤリ・ハット」が多く報告されている介護現場は、予防策の積み重ねが多くあるということです。その分、介護事故への備えも多く積み重なっている状況でもあると想像できます。また、常に予防的な検討を重ねることで、自ずとサービス全体の介護の質が向上していくという相乗効果が生まれているはずです。新人として、このような「ヒヤリ・ハット」報告を行うことの意義を多面的に理解し、ためらわず向き合っていくことが大切でしょう。

3．介護事故への備えとは

　「備えあれば憂いなし」とはいうものの、実際の介護事故は起きてしまうかもしれません。その場合、まず事故に遭った利用者への対応が一番重要であるということです。当然事故後の対応については慎重に対応しなければなりません。現場に用意されている介護事故の対応マニュアルなども事前によく確認しその場で適切な対応を行わなければなりません。当然、相手の利用者や家族に対しては、しっかりと誠意をもって対応し、自己反省しなければなりません。

　誰でもそうですが、特に新人が自分の対応中に介護事故が起きた場合に、動揺して、どうして良いのか分からなくなったりする場合もあります。そのような動揺した状況では、事後の適切な対応が出来なくなり、二次的な被害（たとえば転倒後により身体被害が大きくなるなど）に派生する場合もあります。事故後の対応については、対応マニュアルをしっかり頭に入れ備えておいた方が良いでしょう。

　昼間などの場合、他の職員が一緒に勤務している状況で転倒などの介護事故が起きた場合は、高齢者本人に対しては、基本的に看護職員がすぐに適切な対応や処置を行うようになっています。また、本人対応とは別に家族への連絡や医療機関への連絡などの対応については、主任職や管理者が速やかに行います。また、その後の経過についても逐次継続し誠意をもって、本人や家族に対して組織的なチーム対応が行われます。

　しかし、入所施設の宿直時などは、他の職員が駆けつけるまでの時間や状況に応じて新人自らが適切に対応を行わなければならない場合もあります。このような介護事故や非常災害時の対応などは、時間帯や場面状況によっても対応方法が異なります。そのためにも対応マニュアルは重要ですし、組織的なリスクマネジメントの視点からも重要なものです。新人として、いざという時のために自分の立場で何が出来るのか、もしくは、自らの立場では、職責を認識しどのようにわきまえた（看護職員

に確認するなど）行動をとる必要があるのかを理解しておくことも重要です。

　何より、基本の備えは予防することです。介護事故に至らないように日頃から介護の方法や個別ケアの配慮を自覚して仕事をすることでもあります。感染症の対応の場合は、日ごろからの手洗い・消毒やうがい、介護職員の健康管理などの基本的な予防策に務めることがあげられます。誤嚥事故の備えなども同様に、個別ケアの配慮や食事介助に留意することです。有事に至らないように自分自身の介護に責任をもち、個々の利用者に対して基本的な配慮や姿勢を忘れずのぞむことが何よりの備えとなることを自覚しておくことが大切です。

【引用・参考文献】
独立行政法人　国民生活センター報告書「病院危害情報からみた高齢者の家庭内事故―死因原因トップはやけど―」2008
増田雅暢、菊池馨実『介護リスクマネジメント - サービスの質の向上と信頼関係の構築のために』旬報社 2003
湯浅美千代編『認知症高齢者のリスクマネジメント』すぴか書房 2007

介護事故について

　介護事故については、事業者の過失の有無にかかわらず介護サービス提供過程時に発生した事故のことをいいます。介護保険制度では、かかる事故が生じた場合、保険者（市町村）への速やかな報告義務と過失があった場合の賠償責任を事業者に課しています。しかし、報告すべき事故の範囲（内容）や報告の手順や様式を定めるなどの具体的な措置や報告するか否かは事業者に任せている現状があります。保険者の市町村によっては、報告基準を定めている場合もあります。介護事故もことの重大さの判断による事後の対応に大きな違いがあります。重傷を負う、死亡につながる等、介護事業者の側に重大な過失責任がある場合は当然、介護サービス提供契約における債務不履行責任の基づく損害賠償責任（民法 415 条）が発生します。また、介護職員が個人の責任として民事上の責任を負うこともあります。事業者の責任として問題点の内容によっては、都道府県による介護保険の事業者としての指定もしくは許可の取り消しあるいは業務改善命令や業務停止といった処分といった行政処分を課せられる場合もあります。介護職員が故意や過失で利用者に心身の損害を与えた場合等は、介護の事故に限らず刑事上の責任も発生することは言うに及びません。

　国民生活センターの調査では、高齢者の家庭内危害事故では、65 歳以上の高齢者の場合「打撲傷・挫傷」45.8％で最も多く、次いで「刺傷・切傷」16.1％、「骨折」14.7％、「熱傷 12.5％の順でした。65 歳未満の骨折（6.7％）に比べると、高齢者の方が 2 倍以上多い結果でした。

　家庭内のどこで危害が発生しているかでは、「居室」25.8％、「階段」13.1％、「台所」11.9％、が多い。事故時の行動は、「歩いていた（階段の昇降を含む）」がもっとも多く 29.0％、で 3 割近くを占めています。

　調査結果でも、分かるように普段の生活状況の中でも起きうる危害、事故に備えた対応が重要であることを示唆している。

【引用・参考文献】
永和良之助「介護事故の現状と問題点－高齢者介護施設を中心に」佛教大学社会福祉学部論集　第 7 号 2011 pp39-56
髙野範城・青木佳史編『介護事故とリスクマネジメント』あけび書房 2004
独立行政法人　国民生活センター報告書「病院危害情報からみた高齢者の家庭内事故─死因原因トップはやけど─」2008

第14章

職場仲間で備える仕組み

1．再発防止に向けたチーム対応

　職場の中で介護事故が起きた場合、事故が起きた時点での対応とその後の再発防止に向けた予防対応が行われます。「ヒヤリ・ハット」報告と同様に「事故報告書」という記録書式が職場には用意されています。そこでは、ヒヤリ・ハット報告よりもより詳細に事故状況や対応の経過が整理されます。事故の原因について整理する場合でも再発防止に向けた対応として組織全体もしくは職場内チームでの検討を行うのが一般的です。
　ここでは、事後の再発防止に向けたチーム対応について、事故報告書の記録記載手順と合わせて説明していきます。

（1）介護事故状況の事実確認と記録
　　介護事故が起きた場面や状況の整理については、何時どのような

状況で事故が起きたのかという事故状況に関しては、直接、間接的に対応した職員が記録します。ここでは、記録方法のところで説明したように基本の書き方（状況の事実とその時の職員の対応に関する判断などを分ける）を用います。必要な場合は、事故場面や身体状態の絵や図なども書いて記録します。

（2）介護事故後の対応と経過について

事故直後の対応について、時系列で何時誰がどのような対応を行ったのかの経過を記録します。特に医療機関との連携を要した場合などは、診断や治療の経過なども詳細に記録しておかなければなりません。また、家族への連絡や対応の経過に関しても同様です。たいていの場合、日を隔てて経過を見守り対応状況を記録する必要もあります。

（3）介護事故の原因を確認する

事故の原因について、確認する作業が必要になります。この場合は、例え職員の直接的な介助方法などに起因していたとしても、何故そのような対応を行ってしまったのかについて様々な観点から原因を探っていかなければなりません。たとえば、何故慌ててしまったのか。何故基本的な介助の方法を取れなかったのか、等々です。

直接職員が関わりをもっていなかった場面での介護事故もあり得ます。その場合は、目視できている場合とそうではない場合もあり得ます。たとえば、居室に行ってみると転倒していたという状況などです。こうした場合、様々な要因を視野に入れ、原因を探って行かなければ、適切な今後の対策を検討していくことはできません。そのために職員間で多面的な視野から情報を収集しアセスメントします。

（4）再発防止に向けた今後の対応と計画を立てる

　　介護事故の原因が複数考えられる場合は、それぞれの原因に対する具体的な対応策が立てられます。その場合、職員全員が対応内容を把握し実行しなければなりません。

　　今後の対応については、計画案（対応策）に基づいてそれぞれ異なる専門職の立場からも確認することが必要になります。

（5）対応後の確認と評価

　　対応策の一つひとつに対して期間を定め、一定期間後の職員対応による改善状況を職員間で確認し実施状況を記録すると共にその後の継続の必要性についても検討します。介護事故の再発防止に向けたこのような対応が、結果的にチームでの仕事のより良い改善や利用者のサービスに対する安心感に繋がるようにしていかなければなりません。

　現場の中では事業所や施設種別において組織としてリスクに備える仕組みについて法的に基準が示されています（後の関連事項を参照）。

　組織的にリスクに備え、安心、安全なサービスを提供するために委員会などの組織活動を通してマネジメントする仕組みがつくられています。

　リスクとは、「偶発する事故の発生可能性ないしその不確実性としての危険[1]」が対象として捉えられています。リスクに対応するということは事故そのものだけでなく、事故を生じせしめる条件や事情を含めて考える対応を指します。

　そのような介護現場における組織的な対応方法をリスクマネジメントといいます。それは、介護事故や非常時の災害対応、感染症予防等々の予防対応のためでもありますが、その目的は、介護サービスの質がより向上する仕組みをつくっていくことにあり、結果的に介護事故をなくすことに繋がるように、安心で安全な介護サービスを提供していくという

考え方です。

　2005年4月より個人情報保護法が施行されました。介護事業所や入居施設においても、必ず契約時に個人情報の保護に関する誓約書を取り交わしています。介護職員が、利用者の個人情報保護を自覚し守ることは、倫理的な規範としても同様に大切です。リスクマネジメントの観点からもPCに入力されている個人情報データの取り扱いや対応については、管理する組織的な取り決めやルールがありますので確認しておく必要があります。また、利用状況の写真や個人資料の取り扱いに関しても同様です。組織内の広報紙の担当として事業所内風景や行事活動の写真を掲載する際にも、事前に本人、家族の承諾が必要になります。その他、事業所種別にもよりますが、定期的に送迎などの車両運行を伴う場合には、安全運転のための研修や事故に備えたリスクマネジメントが行われています。特に送迎業務においては、車の運転だけでなく、利用者の介助に伴う事故の対応も含まれます。乗降時や車内での介助方法についてもよく確認し、適切に行えるようにしなければなりません。

【引用・参考文献】
『介護サービスのリスクマネジメント』財団法人介護労働安定センター 2006
高野範城、青木佳史編『介護事故とリスクマネジメント‐法律家と実務家が多くの裁判例をもとに記す』あけび書房 2004
　1）亀井利明・亀井克之著『リスクマネジメント総論』同文館出版 2004

関連事項

リスクマネジメントについて

　リスクマネジメントに関する組織的な運営については、指定介護老人福祉施設の場合、介護保険法に基づく基準省令（指定介護老人福祉施設の人員、設備及び運営に関する基準についての第35条）において、「事故発生の防止及び発生時の対応」で以下のように各項で基準が示されています。（概略）

（1）指定介護老人福祉施設が整備する「事故発生の防止のための指針」には、次のような項目を盛り込むこととする。
　　① 施設における介護事故の防止に関する基本な考え方
　　② 介護事故の防止のための委員会その他施設内の組織に関する事項
　　③ 介護事故の防止のための職員研修に関する基本方針
　　④ 施設内で発生した介護事故、介護事故には至らなかったが介護事故が発生しそうになった場合（ヒヤリ・ハット事例）及び現状を放置しておくと介護事故に結びつく可能性が高いもの（以下「介護事故」という）の報告方法等の介護に係る安全の確保を目的とした改善のための方策に関する基本方針
　　⑤ 介護事故等発生時の対応に関する基本方針
　　⑥ 入所者等に対する当該指針の閲覧に関する基本方針
　　⑦ その他介護事故等の発生の防止の推進のために必要な基本事項

（2）事実の報告及びその分析を通じた改善策の従事者に対する周知徹底

（3）事故発生の防止のための委員会
　　指定介護老人福祉施設における「事故発生の防止のための検討委員会」（以下「事故防止検討委員会」という）は、介護事故発生の防止及び再発防止のための対策を検討する委員会であり、幅広い職種（たとえば、施設長〈管理者〉、事務長、医師、看護職員、介護職員、生活相談員）により構成する。構成メンバーの責務及び役割分担を明確にするとともに、専任の安全対策を担当する者を決めておくことが必要である。なお、事故防止委員会は、運営委員会など他の委員会と独立して設置・運営することが必要であるが、感染対策委員会については、関係する職種、取り扱う事項等が事故防止検討委員会と相互に関係が深いと認められることから、これと一体的に設置・運営することも差し支えない。事故防止検討委員会の責任者はケア全般の責任者であることが望ましい。また、事故防止検討委員会に施設外の安全対策の専門家として積極的に活用することが望ましい。

（4）事故発生の防止のための従事者に対する研修

（5）損害賠償

2．対策マニュアルを使いこなすために

　新人の場合でも、他の職員から見守られスーパービジョンを受ける段階から徐々に独り立ちし、介護場面を任されるような状況が増えてきます。全く一人で仕事を行うわけではないですが、急を要する利用者対応の場合などは、看護職員や上司にすぐに連携を図るまでの間に自ら対応しなければならない状況もあり得ます。

　そのためには、応急対応の方法をまずは、確認し身につけておかなければなりません。職場内研修などで定期的に救急法などについては、実習を含め学ぶ状況になりますが、新人の内にいざという時に慌てず対応できるようにしっかり確認しておく方が良いでしょう。

　応急対応については、介護事故の状況や急変した身体状態に応じた対応がありますが、介護現場には、前述のように目的に応じた各種の対策マニュアルが用意されています。

　たとえば、呼吸困難に陥っている場合、誤飲や誤嚥時の対応、強い腹痛を訴えている時の対応など目の前で利用者の状態に対して速やかに応急処置をしなければならない場合などです。現場に置かれている対策マニュアルも現場独自に整理したものや公的な機関や行政によって公表されているものを使用している場合など様々です。

　どのような対策マニュアルもかなりの分量がありますので、新人としていざという時に困らないように必要な箇所を自分用に転記するなどしておくといいでしょう。特に現場で共有している対策マニュアルなどは、理解を図るために繰り返し確認した方がよいものもあります。

　これらの対策マニュアルは、介護事故や応急対応だけに限りません。感染症対策に関係する対応などもあります。感染症対応の場合などは急に目の前でおう吐した人への対応方法なども理解しておかなければなりません。（ノロウイルス等）新人がその後の吐瀉物を適切に処理しなければならない場合もあります。その場合も、状況に応じて日頃の処理対応と

は別の方法を用い感染症対策のマニュアルに添って行われなければなりません。

また、利用者がいつの間にか一人で外出してしまった場合の捜索なども存在します。その場合も行方不明時の捜索マニュアルを用いて組織的な対応を図らなければなりません。

新人として、いろいろな場面や状況を一人で判断しなければならない状況は少ないと思いますが、いざという時に困らないように自分用の各種対策マニュアル携帯版などをつくっておくのも一案でしょう。介護現場においては、緊急時というのは、命にさえも関係する場面や状況があり得るという責任と使命を常に認識しておかなければなりません。そのためにも備えは重要です。

ここで、一般に公表されている（インターネットなどで）公私機関の各種対策マニュアルや指針についていくつか紹介します。本来、新人は、それぞれ所属する事業所や施設において作成している対策マニュアルを頼りに理解を深めることが前提となります。しかし、公表されている自治体などで整理されているものの中には、過去の具体的な介護事故や災害事故を教訓にし、改めて対策マニュアルを整理したものなどもあり参考になります。

【高齢者介護施設における感染対策マニュアル】 　　　　平成25年3月

　平成24年度厚生労働省老人保健健康増進等事業として実施された「介護施設の重度化に対応したケアのあり方に関する研究事業」（実施主体：株式会社三菱総合研究所）において取りまとめられた資料です。

　本マニュアルは、平成17年3月にとりまとめられた「高齢者介護施設における感染対策マニュアル」をもとに、平成19年3月にとりまとめられた「特別養護老人ホームにおける感染対策ガイドライン」の内容を統合し、近年の施設における感染症の動向や感染症に関する新しい知見を踏まえ改訂したもの。

第 14 章　職場仲間で備える仕組み

Ⅴ　来たるべきリスクへの備え

【社会福祉施設における安全衛生対策マニュアル～腰痛対策とＫＹ活動】
平成 22 年 3 月　厚生労働省・中央労働災害防止協会
協力　社会福祉法人　全国社会福祉協議会

　労働災害の防止に向け『社会福祉施設（老人介護施設、保育施設、障害者施設）』を対象として、施設における安全衛生水準の向上と労働災害のより一層の減少を図るため、社会福祉法人全国社会福祉協議会の協力のもと、主に腰痛対策と危険予知活動（以下「ＫＹ活動」という）の実施促進に必要な資料として本マニュアルを作成している。

【在宅介護サービス業におけるモデル安全衛生規定及び解説】
平成 17 年 3 月　介護サービス業における安全衛生活動基盤整備委員会
厚生労働省　中央労働災害防止協会

　成長産業の一つである在宅介護サービス業についても成長の初期の段階で労働災害の減少を図るため、安全衛生活動への取り組みのための基盤を整備し、在宅介護サービスを行う事業場の自主的な安全衛生活動の促進に資することを目的として整理されている。安全管理体制、安全衛生教育、健康管理、介護作業、緊急事態への対応、安全衛生基準・規定・チェックリスト、等が整理されている。

【身体拘束ゼロへの手引き～高齢者ケアに関わるすべての人に】
平成 13 年 3 月　厚生労働省「身体拘束ゼロ作戦推進会議」

　身体拘束は、人権擁護の観点から問題があるだけでなく、高齢者のQOL（生活の質）を根本から損なう危険性を有している。身体拘束によって、高齢者の身体機能は低下し、寝たきりにつながるおそれがある。さらに、人間としての尊厳も侵され、時には死期を早めるケースも生じかねない。それ故に、身体拘束の問題は高齢者ケアの基本的なあり方に関わるものであり、関係者が一致協力して身体拘束を廃止しようとする取り組みの必要性から整理されている。

【職場における腰痛予防対策指針及び解説】　　　平成 25 年 10 月　厚生労働省
　職場における腰痛を効果的に予防するには、労働衛生管理体制を整備し、多種多様な発生要因によるリスクに応じて、作業管理、作業環境管理、健康管理及び労働衛生教育を総合的かつ継続的に、また事業実施に係る管理と一体となって取り組むことが必要である。本指針は、このような腰痛予防対策に求められる特性を踏まえ、リスクアセスメントや労働安全衛生マネジメントシステムの考え方を導入しつつ、労働者の健康保持増進の対策を含め、腰痛予防対策の基本的な進め方について具体的に示している。

【医療・介護関係事業者における個人情報の適切な取扱いのためのガイドライン】

平成 16 年 12 月 24 日 平成 18 年 4 月 21 日改正 平成 22 年 9 月 17 日改正 厚生労働省

本ガイドラインは、「個人情報の保護に関する法律」（平成 15 年法律第 57 号。以下「法」という）第 6 条及び第 8 条の規定に基づき、法の対象となる病院、診療所、薬局、介護保険法に規定する居宅サービス事業を行う者等の事業者等が行う個人情報の適正な取扱いの確保に関する活動を支援するためのガイドラインとして定めるものであり、厚生労働大臣が法を執行する際の基準となるものである。

【福祉分野における個人情報保護に関するガイドライン】

平成 25 年 3 月　厚生労働省

このガイドラインは、個人情報の保護に関する法律（平成 15 年法律第 57 号。以下「法」という）第 6 条及び第 8 条の規定に基づき、また、第 7 条第 1 項に基づく「個人情報の保護に関する基本方針」（平成 16 年 4 月 2 日閣議決定。以下「基本方針」という）を踏まえ、社会福祉法（昭和 26 年法律第 45 号）第 2 条（第 2 項第 3 号並びに第 3 項第 4 号、第 9 号及び第 10 号を除く）に規定する社会福祉事業を実施する事業者（以下「福祉関係事業者」という）が行う個人情報の適正な取扱いの確保に関する活動を支援するため、当該分野の実情や特性等を踏まえ、福祉関係事業者が講じる措置が適切かつ有効に実施されるよう具体的な指針として定めている。

【特別養護老人ホームにおける介護事故予防ガイドライン】

平成 24 年度厚生労働省老人保健健康増進等事業として実施された「養護老人ホームにおける介護事故予防ガイドライン」（実施主体：株式会社三菱総合研究所）において取りまとめられた資料です。

特別養護老人ホームでは、介護サービス提供に関わる事故の防止を目的として、施設としての体制整備（委員会設置、事故報告制度の運用、研修の実施等）をはじめ、さまざまな対策が進められている。しかしながら、近年、利用者の重度化や認知症を有する利用者の増加などにより事故の傾向が変化しつつあり、変化への対応が課題として認識されている。また、事故防止の実効性が確保されにくい等の課題が指摘されている。こうした背景から、平成 18 年度に作成された「介護事故予防ガイドライン」の見直しを行っている。サービスの質の向上を向上を目指した介護事故予防体制の構築という基本的な考え方はそのままに、利用者の重度化をはじめとする施設のケア環境の変化を鑑み、利用者を事故から守り QOL を向上させるケアの提供を促進することを目的として整理している。

第14章　職場仲間で備える仕組み

【介護予防マニュアル改訂版】

　　　　　　　　　　　平成24年3月　介護予防マニュアル改訂委員会　厚生労働省

　平成23年度の介護保険法の改正により、平成24年度からは、新たに介護予防・日常生活支援総合事業が導入されることとなるなど、時代の変化とともに、より効果的な介護予防のあり方が見直されている。このような見直しに対応するため、介護予防マニュアルを改訂している。今回の介護予防マニュアルの改訂において、介護予防の目的である『「高齢者本人の自己実現」、「高齢者に生きがいを持っていただき、自分らしい生活を創っていただく」ことへの総合的支援』に変更はない。介護予防の定義と意義、複合プログラム実施マニュアル、運動器の機能向上マニュアル、栄養改善マニュアル、口腔機能向上マニュアル、閉じこもり予防支援マニュアル、認知機能低下予防・支援マニュアル、うつ予防・支援マニュアル等が整理されている。

【障害者と高齢者のための災害時支援マニュアル】

　　　　　　　　　　　平成17年3月　山梨県福祉保健部障害福祉課

　昨年は、相次ぐ台風の襲来により新潟・福井に豪雨をもたらしたうえ、十年前の阪神淡路大震災以来、国内で最大の地震災害となった"新潟県中越地震"が起こりました。これらの災害を通じて、特に課題として浮き彫りになったのは、災害時に弱い立場に置かれる障害者や高齢者など要援護者の方々への防災対策です。さて、私たちの住む山梨県において、近い将来最も懸念される大災害は"東海地震"です。東海地震は、およそ100年から150年の周期で定期的に繰り返して起きる大地震です。前回の安政東海地震から既に150年が経過しており、「大地震がたった今起きてもおかしくない」ともいわれています。また、本県は風水害では、戦後、昭和34年と昭和41年に大型台風が本県を直撃し、多くの犠牲者が出ましたが、今後も、当時に匹敵するような集中豪雨が発生した場合、再び大規模な土砂災害や洪水災害が起きる可能性は十分にあります。こうした災害に備えるために、家庭や地域での防災の備えと合わせて、特に災害時に弱い立場に立たされる障害者や高齢者などの要援護者の方々を、災害が起きてからでなく、平常時から、いかに多くの人たちが関わり支え合っていくかが、今まさに問われています。そこで、このマニュアルを、市町村や自主防災組織、福祉関係者、ボランティア団体など多くの方々に「指針」として活用していただき、「防災」をキーワードとして、地域ぐるみで要援護者を支援する"助け合いネットワーク"を網の目のように構築することで、災害にも強く、誰もが暮らしやすい"福祉のまちづくり"を育んでいかれることを、心から期待いたします。（まえがきより）

Ⅴ　来たるべきリスクへの備え

【社会福祉施設おけるリスクマネジメントガイドライン】
平成 21 年 3 月　東京都福祉保健局

　社会福祉施設においてリスクマネジメントの取組を進めるための方策について、ガイドラインを策定している。5 つの施設で実際にモデル事業を実施し、検証した結果に基づいて作成している。そのため、各施設で、すぐに活用できる内容になっている。リスクマネジメントの仕組みを 6 つの分野「報告制度」「委員会」「手順書」「研修」「家族とのパートナーシップ」「介護記録」に焦点をあてて解説している。分野ごとに、施設の成熟度レベル（レベル 1 ～ 5）、取組状態、現在のレベルから次のレベルへとステップアップするための取組を提示していています。また自分の施設の成熟度レベルを評価しやすいように、分野別のチェックリストを作成し整理している。

【特別養護老人ホームにおける看取り介護ガイドライン】
―特別養護老人ホームにおける施設サービスの質確保に関する検討報告書―

　平成 18 年度厚生労働省老人保健健康推進等事業として実施され（実施主体：株式会社三菱総合研究所）取りまとめられた資料です。

　本ガイドラインは、特別養護老人ホームにおける看取り介護を実践するために必要な看取り介護のあり方を提案し、各施設における看取り介護の実践および質の向上に資することを目的として整理されている。本ガイドラインが対象とする看取り介護とは、特別養護老人ホームにおける入所者本人・家族の希望を反映したケア全般を示すものであり、重度化対応加算や看取り介護加算の要件を満たすことだけを目的としたものではない。

　また、平成 17 年度において実施されたヒヤリング調査の事例集の掲載されている。日常ケアにおいて、職員との信頼関係や施設内での「なじみの関係」ができていく過程で、特別養護老人ホームで看取られることを入所者本人や家族が希望し、その思いを職員が支えることで、安らかな死を迎えられている事例が紹介されている。

【特別養護老人ホームにおける看取り介護ハンドブック～家族とともに考えるために～】

　平成 22 年度厚生労働省老人保健健康推進等事業として実施され（実施主体：株式会社三菱総合研究所）取りまとめられた資料です。

　このハンドブックは、特別養護老人ホームで看取り介護を行う際の留意点について、特に「家族との関係」に着目し、施設での実際の取り組み事例をもとに、取りまとめたものである。施設で看取り介護を行う際には、家族と日頃からコミュニケーションをとり、信頼関係を構築した上で、家族とともに考えながら対応していくことが非常に重要になる。平成 21 年度に実施した調査研究では、施設での看取

りを推進する上で必要な課題として、①看護・介護職員の課題（体制の強化と看取り教育の充実）②意思・医療提供上の課題（意思のバックアップ体制の構築）③家族に関する課題（家族の意向確認・情報提供の充実）を挙げ整理している。これらの課題のうち、このハンドブックでは、「③家族に関する課題」に着目して家族に焦点をおき、家族にどのように話し合いながら、看取り期の入所者に対応すればよいのか、家族が悩んでいるときにはどのように対応すればよいのか、といった内容について施設ヒヤリング調査結果を盛り込みながら、具体的に整理している。

あとがき

　本書の主眼は、新たに介護の仕事に着かれる人であり、奥深い介護の入り口に早くたどり着いてもらえることを願い必要な情報や知識を精査しました。また、それぞれの現場で行われるであろう新人教育や研修をより有効に活かしてもらえるよう意図しています。介護の初任者の場合は、介護福祉士や介護職員初任者研修のテキストなどをお手元に置かれていることも念頭に置いています。

　昨今の介護職員の慢性的な人材不足やその背景にある様々な要因については、繰り返すつもりはありません。そのような事情もあり介護の現場では、入職する人が一日でも早く仕事に慣れてほしいと願わざる得ない現状です。さらに介護の初任者が、場合によっては新人教育もままならない実情で早々に責任を負い直接の介護に携わらなければならい現実もあるかもしれません。

　これまで私は、介護職員の直接的な指導や新人教育以外に介護福祉士養成の専門学校、短期大学などで学生さんの教育にも携わってきました。また社会福祉士として介護現場に入職する学生さんの教育にも携わってきました。社会福祉士の養成教育においては、たいていの場合、社会福祉士として相談業務（生活相談員）にすぐ着任できる状況は少ないのが現状です。まずは、介護職として入職し介護の仕事をしっかりこなせる様になってから、やっと色々な相談に応じる力量がついていきます。一方、介護の現場においての新人は、そのような若い学校を卒業した人たちばかりではありません。全く別の仕事から転職した人やしばらく仕事から離れていた女性など年齢層もさまざまな状況です。現場にもよると思いますが、新人職員の大半は、後者の多様な社会経験を積んだ人たちであるのが現状です。

　常々わたしは、新人の研修教育を通して感じていたことは、様々な社会経験を積んだ人たちが培ってきた経験や知恵が活かされる職場の仕組みや教育研修が重要であるということです。また、それらの社会経験や

知恵を介護という対人サービスで活かせるような仕事を創造することも介護サービスの質や幅を広げるためにも必要なことだと考えています。

　具体的には、他の仕事に従事していた初任者がもつ接客マナーのノウハウを他の職員研修で指導する。飲食業などの経験を活かして様々な施設行事の催事などで披露してもらう。運転や運送業で働いていた人が送迎業務のための運転講習を指導する。介護現場内での演芸や勉強会のような場で知識や経験を披露する等です。社会経験の豊富さは、そのまま高齢者との関わりや介護サービスを改善する視点にもその力量が発揮されてしかるべきであると考えています。

　新人教育において新人に教える方法を駆使することも重要ですが、新人が受け身で受ける教育ではなく良い教えや効率の良い教えを導くことも可能です。一人前の介護職員として早く力をつけ、その人のもつ知識や経験を生かせる介護サービスを実施出来るようお手伝いすることができれば幸いです。

　また、新人職員が、一人前と認められるかどうかは、判断の基準が難しいと思いますが、現場の基準や評価の違いに限らず、自己でその目安を設定し自己の到達点や課題を整理する必要があります。

　本書を通して介護の仕事に関心や魅力を感じ、志をもたれている読者の方が、一人前になる過程で、この仕事を続けていこうと思える気持ちに微力でも寄与することができることを願っております。

　筆者の力量不足ゆえに不十分な説明等々あるかもしれません。そこは読者の方々の見識にゆだねるしかありません。

　最後になりますが、本書の執筆の機会を私に与えていただいた（株）メディア・ケアプラス代表取締役の松嶋薫氏や小林直哉氏をはじめ編集・イラスト等を担当して頂いた皆様に心より感謝申し上げます。

　　　　　　　　　　　　　　　　2015年11月　　五十嵐　雅浩

付録資料　各種の介護保険サービスの概要

（1）訪問介護

訪問介護とは、居宅要介護者について、その居宅において介護福祉士や一定の研修を修了した訪問介護員により行われる入浴、排せつ、食事等その他の日常生活上の世話であって厚生労働省令で定めるもの（定期巡回・随時対応型訪問介護看護または夜間対応型訪問介護を除く）をいいます。省令で定める日常生活上の世話とは、入浴、排せつ、食事等の介護、調理、洗濯、掃除等の家事が、単身世帯または家族等の障害や疾病にために自ら行うことが困難な家事であって日常生活上必要なもの、生活に関する相談・助言などのことです。通院等のための乗降介助も含まれます。居宅には、養護老人ホームや軽費老人ホーム、有料老人ホームの居室も含まれ、要介護者に該当すればこのサービスを受けることができます。

（2）介護予防訪問介護

介護予防訪問介護とは、介護予防における訪問介護は、対象者が居宅要支援者であり、介護の発生予防と要支援状態の軽減または悪化の防止（維持・改善を図る）を目的として行われます。平成27年より市町村が地域の事情に応じた取り組みができる地域支援事業へ移行している状況です。（平成29年度末まで）

（3）訪問入浴介護

訪問入浴介護とは、居宅要介護者について、介護職員と看護職員がその居宅を訪問し、浴槽を提供して行われる入浴の介護です。入浴介護には、看護職員1人と介護職員2人で行う全身浴と介護職員3人で行う全身浴、清拭及び部分浴がある。通所サービスや自宅での浴槽では訪問介護等による入浴介助が困難な場合にその機能が期待されるサービスです。

（4）介護予防訪問入浴介護

介護予防訪問入浴介護は、居宅に浴室がない場合や、感染症などの理由から、その他の施設における浴室の利用が困難な場合などに限定して、訪問による入浴介護が提供されます。

（5）訪問看護

訪問看護とは、居宅において病院、診療所、訪問看護ステーションに所属する看護師、保健師、准看護師、理学療法士、作業療法士及び言語聴覚士が主治医（かかりつけ医師）の指示に基づき、病状が安定期にある居宅要介護者に対して行われる療養上の世話または必要な診療の補助をいいます。在宅療養中の者が要介護状態になっても可能な限り居宅で自立した日常生活を営めるように療養生活を支援することが目的である。

（6）介護予防訪問看護

介護予防訪問看護とは、介護の発生予防と要支援状態の軽減または悪化の防止（維持・改善を図る）を目的として行われる訪問看護です。

（7）訪問リハビリテーション

訪問リハビリテーションとは、病状が安定期にある居宅要介護者について、その居宅において、心身の機能の維持回復及び日常生活上の自立を図るために、診療にもとづき実施される計画的な医学的管理のもとで行う理学療法、作業療法その他必要なリハビリテーションをいいます。

（8）介護予防訪問リハビリテーション

介護予防訪問リハビリテーションとは、要介護状態の発生予防と要支援状態の軽減または悪化の防止（維持・改善を図る）を目的として行われる訪問リハビリテーションです。

（9）通所介護

通所介護とは、居宅要介護者について老人デイサービスセンターなどの通わせ、その施設において入浴、排せつ、食事などの介護、生活などに関する相談及び援助、健康状態の確認その他の居宅要介護者に必要な日常生活上の世話、及び機能訓練を行うことをいいます。療養通所介護は、在宅生活者で、サービス提供にあたり、常時看護師による観察を必要とするがん末期、難病等の重度者を対象とします。

(10) 介護予防通所介護

介護予防通所介護は、要支援状態の軽減または悪化の防止（介護予防）を目的として行われる通所介護です。食事などの基本的サービスや生活行為向上の

ための支援ほか、その人の目標に合わせたサービス（運動器の機能向上・栄養改善・口腔機能の向上）アクティビティ等を提供します。平成27年より、市町村が地域の事情に応じた取り組みができる地域支援事業へ移行している状況です。（平成29年度末まで）

(11) 通所リハビリテーション

通所リハビリテーションとは、病状が安定期にある居宅要介護者について、介護老人保健施設、病院及び診療所において、心身の機能の維持回復及び日常生活上の自立を図るために、診療にもとづき実施される計画的な医学的管理のもとで行う理学療法、作業療法その他必要なリハビリテーションをいいます。

(12) 介護予防通所リハビリテーション

介護予防通所リハビリテーションは、要介護状態の発生予防と要支援状態の軽減または悪化の防止（維持・改善を図る）を目的として行われる通所リハビリテーションです。また利用者の生活機能の維持または向上を目指すものでなければならないとされています。平成17年法改正により共通サービスに加え、理学療法士などの専門職を配置し、運動機能の向上、栄養改善、口腔機能向上といった利用者の選択により利用できるサービスが増えています。

(13) 福祉用具貸与

福祉用具貸与とは、居宅要介護者について、心身の機能が低下し日常生活を営むのに支障がある要介護者などの日常生活の便宜を図るための用具、及び要介護者などの機能訓練のための用具であって、要介護者などの日常生活の自立を助ける福祉用具を貸与することをいいます。身体状態の変化により、必要な介護や福祉用具の変化があることに対応するため、耐久性の高い用具を「貸与方式」で提供することを原則としています。対象となる福祉用具の種類は以下の通りです。①車いす　②車いす付属品　③特殊寝台　④特殊寝台付属品　⑤床ずれ防止用具　⑥体位変換器　⑦手すり　⑧スロープ　⑨歩行器　⑩歩行補助つえ　⑪認知症老人徘徊感知機器　⑫移動用リフト（つり具の部分を除く）⑬自動排泄処理装置

(14) 介護予防における福祉用具貸与

介護予防における福祉用具貸与は要介護状態の発生予防と要支援状態の軽減または悪化の防止（維持・改善を図る）を目的として行われます。

(15) 短期入所生活介護

短期入所生活介護とは、要介護状態となった場合においても、その利用者が可能な限り、その居宅において、その有する能力に応じ自立した日常生活を営むことができるよう、短期入所施設に短期間入所させ、入浴、排せつ、食事等の介護その他の日常生活上の世話及び機能訓練を行います。利用者の心身機能の維持や利用者の家族の身体的及び精神的負担の軽減を図り、介護家族の負担軽減としての役割もあります。

(16) 介護予防短期入所生活介護

介護予防短期入所生活介護は、利用者が可能な限りその居宅において、自立した日常生活を営むことができるよう、短期入所施設に短期間入所させ、入浴、排せつ、食事等の介護その他の日常生活上の支援及び機能訓練を行います。利用者の心身機能の維持回復を図り、利用者の生活機能の維持または向上を目指すものです。

(17) 短期入所療養介護

短期入所療養介護は、病状が安定期にある要介護者であって、居宅において介護を受けるものを介護老人保健施設、介護療養型医療施設等（療養病床のある病院や診療所等）に短期間入所させ、看護、医学的管理の下での介護、機能訓練等の必要な、医療、日常生活上の世話を提供するサービスです。心身の状況、特に医療の必要性が高い場合は医療サービスも提供される短期入所療養介護が適していると考えられます。

(18) 介護予防短期入所療養介護

介護予防短期入所療養介護は、介護老人保健施設、介護療養型医療施設等に短期間入所し、介護予防を目的として、看護、医学的管理の下での介護、機能訓練、医療、日常生活上の支援が提供されます。利用者の心身機能の維持回復や利用者の家族の身体的及び精神的負担の軽減を図るものです。日常生活上の基本動作がほぼ自立し、状態の維持もしくは改善の可能性が高く、要支援1または要支援2と認定された人が対象になります。

(19) 特定施設入居者生活介護

「特定施設」とは、有料老人ホーム、養護老人ホーム、軽費老人ホーム、適合高齢者専用賃貸住宅であって、地域密着型特定施設でないもののことをいいま

す。特定施設入居者生活介護とは、特定施設に入居している要介護者について、特定施設サービス計画に基づき行われる入浴、排せつ、食事などの介護、洗濯、掃除などの家事、生活等に関する相談・助言等、その他必要な日常生活上の世話、機能訓練、療養上の世話を行うことをいいます。

(20) 介護予防特定施設入居者生活介護

　介護予防特定施設入居者生活介護は、利用者の心身機能の維持回復や利用者の家族の身体的及び精神的負担の軽減を図る介護予防を目的として行われる特定施設入居者生活介護をいいます。

(21) 居宅療養管理指導

　居宅療養管理指導とは、居宅要介護者について、通院困難な利用者の状況や環境等を把握し、それらを踏まえ病院、診療所または薬局の医師、歯科医師、薬剤師、歯科衛生士及び管理栄養士、看護職員が居宅を訪問して行う療養上の健康管理及び保健指導をいいます。

(22) 介護予防居宅療養管理指導

　介護予防居宅療養管理指導とは、要介護状態の発生予防と要支援状態の軽減または悪化の防止（維持・改善を図る）を目的として行われる介護予防居宅療養管理指導です。

(1) 定期巡回・随時対応型訪問介護看護

　2012（平成24）年改正で新たに設けられたサービスです。定期巡回・随時対応型訪問介護看護とは、要介護者であって、日中・夜間を通じて短時間の定期的な巡回訪問や、随時通報を受けることによって、居宅において入浴、排せつ、食事等の訪問介護と訪問看護が一つの事業所から一体的に、または他の事業所との連携によって行われるサービスです。次の二つのいずれかに該当するものをいいます。介護予防サービスはありません。

　ア　居宅要介護者について、定期的な巡回訪問により、または随時通報を受け、

その者の居宅において、介護福祉士等による入浴、排泄、食事等の介護その他の日常生活上の世話を行うとともに、看護師等による療養上の世話または必要な診療の補助を行うもの。
イ 居宅要介護者について、定期的な巡回訪問により、または随時通報を受け、訪問看護を行う事業所と連携しつつ、その者の居宅において、介護福祉士等による入浴、排せつ、食事等の介護その他の日常生活上の世話等を行うもの。

(2) 夜間対応型訪問介護

夜間対応型訪問介護とは、要介護者であって居宅で介護を受けるものについて、夜間の定期的な巡回訪問や随時通報による訪問を組み合わせ、その居宅において介護福祉士や訪問介護員により行われる入浴、排せつ、食事等の介護、生活に関する相談・助言その他の日常生活上の世話を行うことをいいます。夜間対応型訪問介護には介護予防サービスはありません。

(3) 認知症対応型通所介護

認知症対応型通所介護とは、認知症の要介護者であって、居宅において介護を受ける者について特別養護老人ホームや老人デイサービスセンター等に通わせ、入浴、排せつ、食事等の介護、生活等に関する相談及び助言、その他の日常生活上の世話、及び機能訓練を行うことをいいます。なお、ここでいう「認知症」は、脳血管疾患、アルツハイマー病その他の要因にもとづく脳の器質的な変化により、日常生活に支障が生じる程度までに記憶機能及びその他の認知機能が低下した状態とされています。

(4) 介護予防認知症対応型通所介護

介護予防認知症対応型通所介護とは、要介護状態の発生予防と要支援状態の軽減または悪化の防止（維持・改善を図る）を目的として行われる認知症対応型通所介護をいいます。

(5) 小規模多機能型居宅介護

小規模多機能型居宅介護とは、中重度となっても要介護者の居宅での生活の継続を支援するために、機能訓練や日常生活上の世話ができる「通い」を拠点として、その心身の状態や置かれている環境に応じて「訪問」や短期間の「宿泊」を組み合わせ、入浴、排せつ、食事等の介護、調理、洗濯、掃除等の家事、生活等に関する相談及び助言、健康状態の確認、その他日常生活上の世話を行

うことをいいます。小規模な馴染みの空間と馴染みの人間関係のなかで安定的にサービス提供することを重視しています。地域包括ケアのシステムにおける機能的な役割が期待されています。

(6) 介護予防小規模多機能型居宅介護

介護予防小規模多機能型居宅介護とは、要介護状態の発生予防と要支援状態の軽減または悪化の防止（維持・改善を図る）を目的として行われる小規模多機能型居宅介護をいいます。

(7) 認知症対応型共同生活介護

認知症対応型共同生活介護とは、認知症である要介護者に対して、入居定員5～9人（1ユニット）の共同生活住居における家庭的な環境と地域住民との交流の下で、入浴、排せつ、食事等の介護、その他の日常生活上の世話及び機能訓練を行うことにより、その有する能力に応じ自立した日常生活を営むことができるようにすることをいいます。認知症対応型共同生活介護は、認知症グループホームといわれているもので、従来は居宅サービスに分類されていましたが、制度改正を機に地域密着型サービスとして位置づけられました。

(8) 介護予防認知症対応型共同生活介護

介護予防認知症対応型共同生活介護とは、要介護状態の発生予防と要支援状態の軽減または悪化の防止（維持・改善を図る）を目的として行われる認知症対応型共同生活介護をいいます。要支援2の場合に利用できます。

(9) 地域密着型特定施設入居者生活介護

「地域密着型特定施設」とは、有料老人ホーム、養護老人ホーム、軽費老人ホーム、適合高齢者専用賃貸住宅であって、その入居者が要介護者、その配偶者、三親等以内の親族などに限られるもので、入居定員が29人以下であるものをいいます。地域密着型特定施設入居者生活介護とは、これらの施設に入居している要介護者について、サービスの内容や担当者などを定めた計画に基づき、入浴、排せつ、食事等の介護、洗濯、掃除等の家事、生活等に関する相談・助言、機能訓練及び療養上の世話を行うことをいいます。

(10) 地域密着型介護老人福祉施設入居者生活介護

「地域密着型介護老人福祉施設」とは、入所定員が29人以下の特別養護老人

ホームをいいます。地域密着型介護老人福祉施設入所者生活介護とは、地域密着型介護老人福祉施設に入所する要介護者に対し、サービスの内容や担当者、要介護者やその家族の意向などを定めた地域密着型施設サービス計画にもとづいて、入浴、排せつ、食事等の介護その他の日常生活上の世話、機能訓練、健康管理及び療養上の世話をいいます。

(11) 複合型サービス（看護小規模多機能型居宅介護）

　複合型サービス（看護小規模多機能型居宅介護）は、利用者が可能な限り自立した日常生活を送ることができるよう、利用者の選択に応じて、施設への「通い」を中心として、短期間の「宿泊」や利用者の自宅への「訪問（介護）」に加えて、看護師などによる「訪問（介護）」も組み合わせることで、家庭的な環境と地域住民との交流の下で、介護と看護の一体的なサービスの提供を受けることができます。複合型サービスには、介護予防サービスはありません。

(1) 居宅介護支援

　居宅介護支援とは、要介護者であって居宅において介護を受けるものが、居宅サービスや地域密着型サービス、その他居宅において日常生活を営むために必要な保健医療サービスや福祉サービスを適切に利用することができるよう、要介護者や家族の依頼を受けて、「居宅サービス計画」（ケアプラン）を作成するとともにその計画に基づくサービスが確保されるように居宅サービス事業者などとの連絡調整を行うなどの支援などを行います。本人が地域密着型介護老人福祉施設または介護保険施設等への入所を要する場合にあっては施設への紹介やその他の便宜の提供を行います。

(2) 介護予防支援

　介護予防支援とは、居宅の要支援者を対象として、介護予防サービスについて「介護予防サービス計画」を作成し、その計画に基づくサービスの提供が確保されるようサービス事業者などとの連絡調整その他の便宜の提供を行うことをいいます。この計画の作成は地域包括支援センターの保健師など、その他介

護予防支援に関する知識をもつ者が行うこととされています。

（1）介護老人福祉施設

介護老人福祉施設とは、老人福祉法に規定する特別養護老人ホーム（入所定員30人以上）であって、そこに入所している要介護者に対して、施設サービス計画にもとづいて、入浴、排せつ、食事等の介護その他の日常生活上の世話、機能訓練、健康管理及び療養上の世話を行うことを目的とする施設をいいます。

（2）介護老人保健施設

介護老人保健施設とは、病状が安定期にある要介護者に対し、施設サービス計画にもとづいて看護、医学的管理のもとにおける介護、及び機能訓練その他必要な医療、日常生活上の世話を行うことを目的とする施設として都道府県知事の許可を受けたものをいいます。また、厚生労働省が推進する療養病床再編の一環として、平成20年に新設された医療主体で介護が行われる介護療養型老人保健施設（新型老健）があります。

（3）介護療養型医療施設

介護療養型医療施設とは、療養病床（医療法の定める療養病床のうち、要介護者の心身の特性に応じた適切な看護が行われるもの、及び療養病床以外の病院の病床のうち認知症要介護者の心身の特性に応じた適切な看護がおこなわれるもの）を有する病院または診療所であって、それらの病床に入院しており病状が安定期にある要介護者に対して、施設サービス計画に基づき、療養上の管理、看護、医学的管理の下における介護その他の世話、機能訓練その他の及び必要な医療を行うことを目的とした施設をいいます。

著者紹介

五十嵐 雅浩 （いがらし まさひろ）

1960年 北海道生まれ
東京都立大学大学院　博士課程単位取得満期退学

　社会福祉法人檜の里あさけ学園（三重県）、社会福祉法人嬉泉のびろ学園（強度行動障害事業担当）（千葉県）等の自閉症児専門支援施設での経験を経て、横浜国際福祉専門学校、佐賀女子短期大学、長野大学、北海道教育大学（准教授）等にて、研究・教育に携わる。その間、自治体の福祉行政アドバイザー、JA地域福祉アドバイザー、教職員10年研修（福祉、市町村社会福祉協議会職員、民生・児童委員、各種福祉関係団体等の職員研修講師等を歴任。その後、社会福祉法人敬老園（長野県）にて、上田福祉敬愛学院の講師及び法人職員の教育研修に携わる。
　現在、（株）日本アメニティライフ協会本社にて教育研修の他、雇用対策等の業務に従事。

（関連する文献等）
『事例研究・教育法』共著　川島書店　「実習教育と実践記録の果たす役割－質的実践を認識する視座と位相に注目して－」単著　佐賀女子短期大学紀要36号　「ソーシャルワークの実習教育と＜気づき＞の構造化」単著　北海道教育大学教育実践総合センター紀要8号　ほか

高齢者介護における新人教育読本
~再出発・独り立ちのお手伝い~

2016年1月12日　　第1版　第1刷　発行

著　者　　五十嵐　雅浩
発行者　　松　嶋　薫
発　行　　株式会社メディア・ケアプラス
　　　　　〒140-0011　東京都品川区東大井 3-1-3-306
　　　　　Tel. 03-6404-6087
　　　　　Fax. 03-6404-6097
　　　　　http://media-cp.urdr.bindsite.jp/

印刷・製本　日本ハイコム（株）

本書の無断複写は著作権法上の例外を除き一切禁じられています。

ⓒ Masahiro Igarashi 2015
ISBN 978-4-908399-00-8　C3036